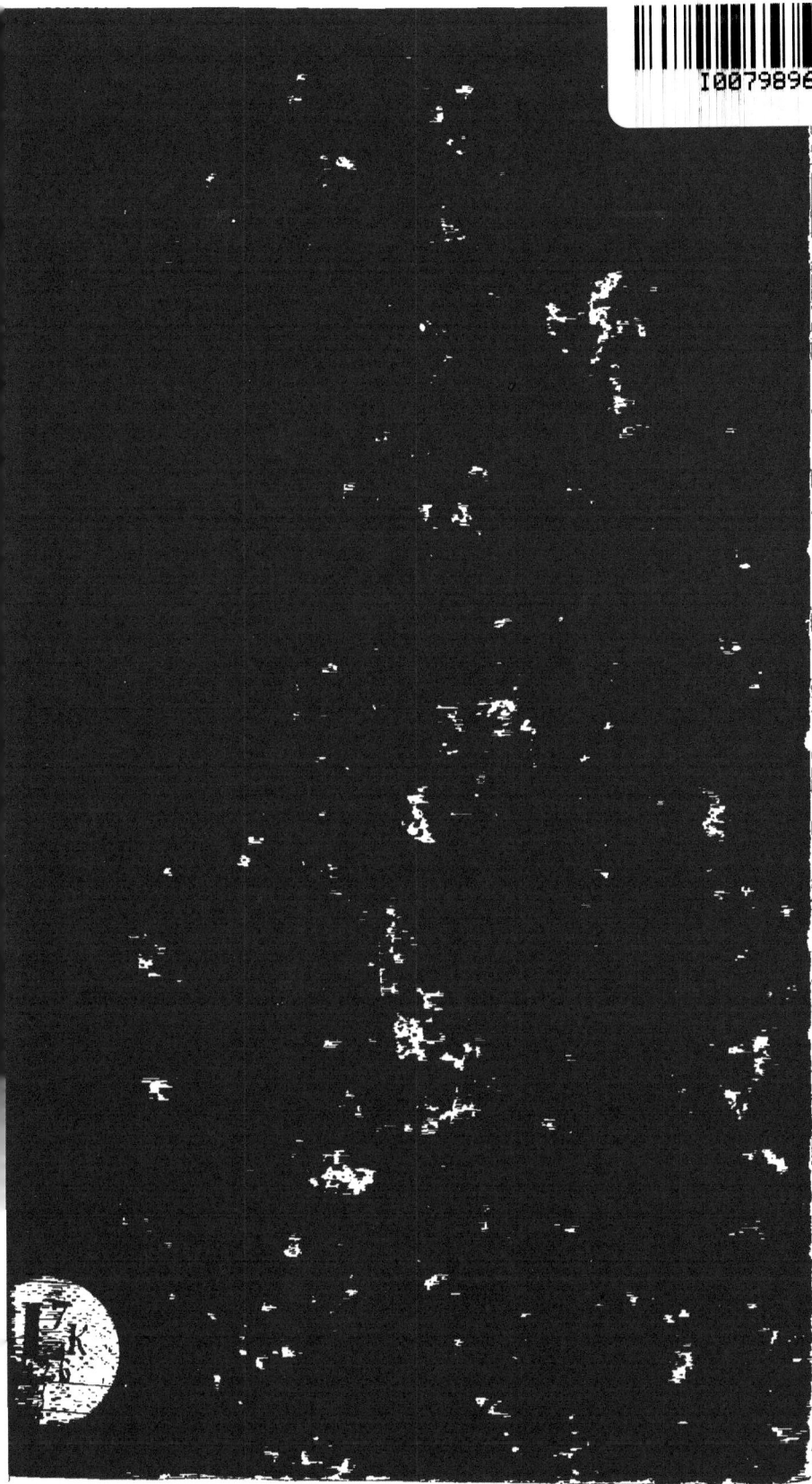

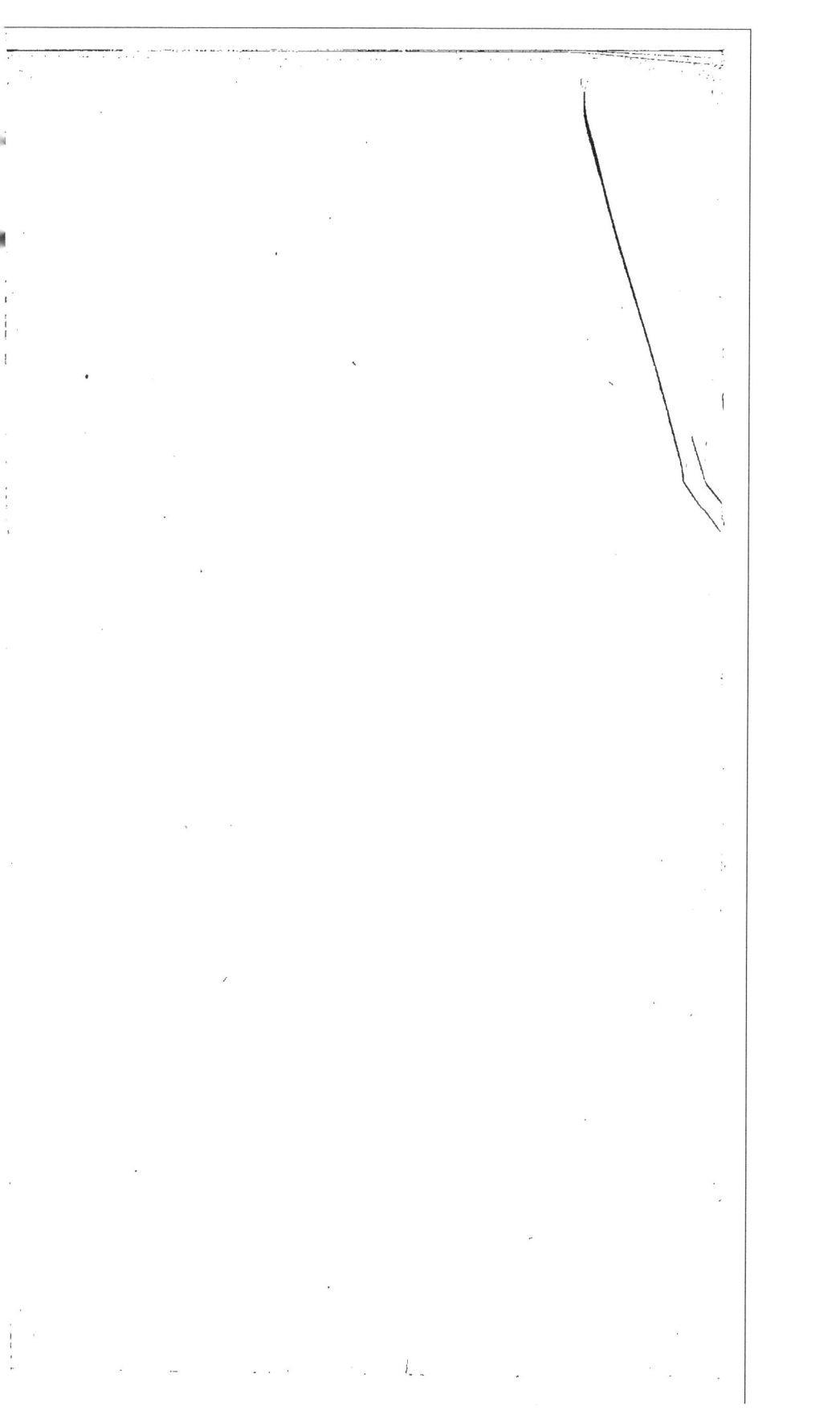

ESQUISSES DIJONNAISES

MUNICIPALES ET PARLEMENTAIRES.

L'Ancienne S⋅ CHAPELLE ⋅ Dijon

ESQUISSES

DIJONNAISES

MUNICIPALES ET PARLEMENTAIRES,

POUR SERVIR D'INTRODUCTION A L'HISTOIRE DE LA COMMUNE ET
DU PARLEMENT PENDANT LE MOYEN AGE ET DEPUIS LA RÉUNION
DU DUCHÉ A LA COURONNE JUSQU'A LA RÉVOLUTION DE 1789,

PAR M. DE LACUISINE,

CONSEILLER A LA COUR D'APPEL DE DIJON, MEMBRE DE PLUSIEURS ACADÉMIES,
AUTEUR DE DIVERS OUVRAGES DE LÉGISLATION.

Ad gloriam civitatis veterem.

DIJON,

FRANTIN, IMPRIMEUR DE L'ACADÉMIE.

1850.

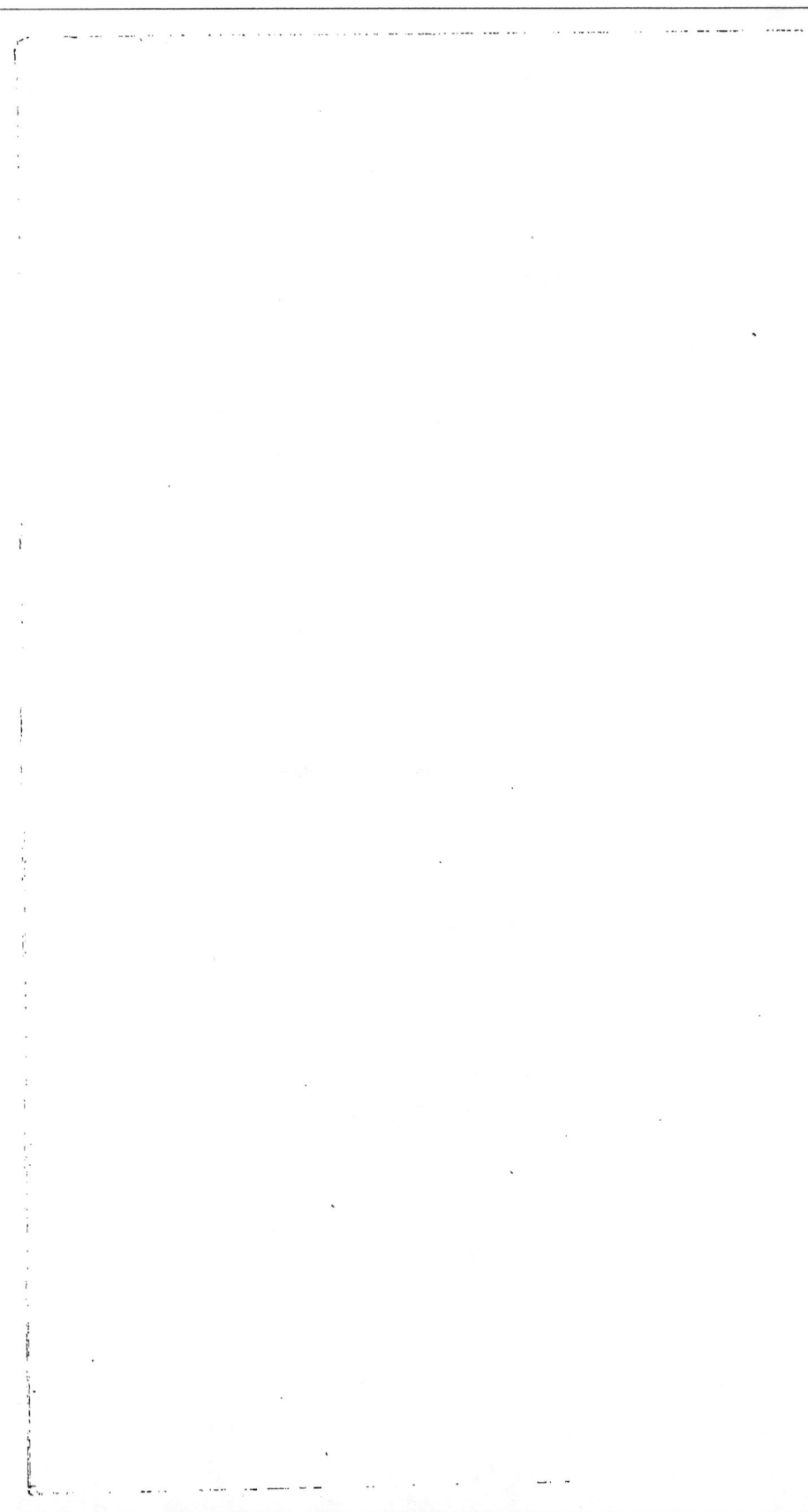

AVANT-PROPOS.

Il ne m'a pas fallu peu d'efforts, de soins et de recherches pour faire entrer dans ce travail de quelques pages le résumé de tous les faits importants qui se sont succédé dans cette ville, ancienne capitale d'une grande province, pendant la période la plus intéressante de ses annales, et qui comprend près de cinq siècles de son existence politique. Cette observation première doit appeler l'indulgence de ceux qui pourraient y rencontrer des erreurs, bien que le soin que j'ai pris de ne rien avancer qu'à vue de documents certains, et le plus souvent officiels, me donne lieu d'espérer qu'il n'en sera pas ainsi. Ce n'est pas d'ailleurs une histoire de Dijon et de son ancien Parlement que je prétends publier ici, mais une vaste préface de ces deux matières, extraite d'un travail plus considérable que j'ai composé pour moi seul, et qui, par la réunion chronologique de nombreux documents, offre sur nos anciennes institutions locales tout ce qu'il y a de curieux dans des recherches qui, si elles m'ont coûté quelques peines, ont été, après des ignorances que j'avoue et que j'ai partagées longtemps, pleines d'attrait et de nouveauté.

Or, dans le choix particulier d'une méthode, j'ai dû préférer, pour la commune, au mélange par date de toutes les matières à la fois la succession elle-même de chacune, qui, les prenant à l'écart, les traite et les épuise à leur tour pendant la période historique entière, en montrant sous chacun des titres connus comme l'administration, la justice, l'enseignement, l'édilité, l'économie politique et la guerre d'après les possibilités du sujet, tout ce qui s'est accompli de grand ou de fâcheux dans ces choses, suivant la couleur des temps qui les ont gouvernées.

Tel est le plan de ces esquisses dont le nom seul

indique que je n'ai voulu par elles que tracer d'un trait rapide et comme du premier jet les faits les plus mémorables et les plus curieux de la cité, les comparer suivant leur nature, les apprécier d'après leur caractère relatif et les approprier librement aux titres dont ils semblaient se rapprocher davantage, en les offrant dans un cadre facile à une génération ignorante ou prévenue. Ce travail n'a pas eu d'autre cause, et c'est bien assez, si ce n'est trop de témérité peut-être, loin de mes études courantes, de l'avoir ainsi tenté.

J'eusse pu facilement encore, et je réponds au reproche qu'on pourrait m'en faire, y ajouter la période municipale de 1789 à nos jours; mais, outre qu'il fallait, en présence d'un immense cataclysme, changer de matière comme on changea de mœurs et de coutumes à cette époque, on peut dire sans hésitation que la commune cessa d'être en réalité elle-même, et que désormais abaissée par la centralisation nouvelle elle ne fit que réfléchir en toutes choses le mouvement qu'on lui imprimait d'ailleurs, et qui, par la perte de ses libertés et d'une politique à elle, ne mérite guère, à partir de cette époque, qu'on en parle sérieusement. Ajoutez le danger non moins certain peut-être de rappeler aux vivants, dans des travaux contemporains, à côté d'un élan militaire admirable, des passions, des écarts et jusqu'à des crimes, et l'on comprendra, à l'aspect des noms propres, le silence que j'ai dû m'imposer en m'arrêtant à cette révolution géné-

rale qui, tout en ouvrant dans un horizon sans
limite le champ à la liberté, devint après tout pour
la commune l'annonce de sa propre ruine qui fut
aussi celle de la province, considérées chacune dans
leur existence à part.

La seconde partie que je publierai plus tard sur
le Parlement, et qui se rapproche davantage de
moi-même, offrira dans les souvenirs de ce grand
corps, et à la différence de la ville, des lacunes
importantes que par la dispersion si regrettable de
ses registres j'ai fait jusqu'à présent d'inutiles efforts
pour combler. Ce que j'en sais, toutefois, par les
rares débris que j'ai pu recueillir, offre encore à l'é-
tude des événements peu connus, mais qui, par le
vide des matières joint à la confusion des autorités,
ne forme à tout prendre que de grands épisodes
d'un tout qui ne peut que rester incomplet dans
l'état présent de ces annales.

La commune, au contraire, possède dans ses registres domestiques l'histoire fort ancienne de son
passé depuis 1383 jusqu'à nos jours. Au-delà de
cette époque, le feu ou les guerres civiles ont tout
dévoré, et il ne nous reste des siècles antérieurs
que quelques fragments ou chroniques qu'à défaut
d'autre chose il faut bien accepter, mais qui nous
laisseront longtemps sur le régime municipal d'alors
dans une obscurité profonde. C'est ainsi que la première partie de ce travail ne remonte pas au-delà
des temps officiellement connus où la perte des archives ne permet plus de trouver de guides, et où

la fiction pourrait impunément prendre la place de la vérité elle-même. C'est là son mérite essentiel, et si j'ai parlé de ces premiers temps dans ces esquisses, on verra que c'est simplement au point de vue de l'histoire générale elle-même qui est, il faut le reconnaître, un témoignage considérable que l'absence des anciens registres ne doit pas faire écarter.

Voilà pourquoi en m'attachant comme à dessein à des sources authentiques, j'ai cru pouvoir éviter le reproche d'avoir fait entrer l'hyperbole ou l'exagération dans le récit, et l'on pourra juger de ces scrupules par mes soins affectés à renvoyer à chaque page aux délibérations de la commune dont je n'ai pas craint d'invoquer le témoignage ; la chose essentielle que je me sois en cela promise étant cette vérité première qui, dans la magistrature dont je fais profession, ne m'eût pas permis, même dans un loisir, de manquer à mes habitudes.

D'ailleurs quelque faible que soit cet exemple, il peut trouver des imitateurs et exciter le goût des études historiques dans la ville de France la plus favorisée en souvenirs, et qui fut si longtemps pour la Bourgogne le centre de cette vie politique qui se répandait alors dans toutes les parties de la France ancienne. Nous possédons encore au milieu de nous sous le nom d'archives municipales, provinciales et parlementaires, des trésors inépuisables de richesses archéologiques que l'étranger connaît, qu'il nous envie, et que, j'éprouve quelque honte à le dire, nous ignorons le plus communément nous-mêmes. Déjà un ouvrage publié il y a quelques années par un des écrivains les plus lettrés de notre époque, et qui sous le titre d'une grande renommée locale (1) a ranimé et mis en scène le mouvement de cette province au 18ᵉ siècle de manière à se méprendre sur l'espace même qui nous en sépare, prouve ce que peut le tact ou l'habileté dans les recherches jointe à la supériorité du style et à une intelligence profonde des mœurs et des habitudes de ce temps. Depuis, et tout récemment encore, il s'est trouvé un érudit assez patient pour fouiller dans la profondeur des siècles passés le récit de nos origines Bourguignonnes à travers les pérégrinations nombreuses de ces peuples barbares qui depuis la période Gallo-romaine ont mêlé leur sang à celui d'où nous sortons et assigner jusqu'aux limites de leur conquête dans le royaume important qu'ils avaient fondé (2). Enfin un de nos plus doctes collègues de l'Académie vient de publier à la suite de la dernière édition de Courtépée une notice importante sur l'ancienne abbaye de Bèze (3), qui prouve

---

(1) *Le Président de Brosses*. Histoire des Lettres et des Parlements au xviiiᵉ siècle, par M. Foisset.

(2) Questions bourguignonnes, par M. de Belloguet. Commentaire sur l'étendue et les frontières du premier royaume de Bourgogne, par le même.

(3) Histoire de l'ancienne abbaye de Bèze, par M. Dumay qui y a ajouté une notice sur 53 villages de l'ancienne province de Champagne aujourd'hui réunis à la Côte-d'Or.

par l'extrême intérêt du récit ce que les lettres ont perdu dans cet Ordre si fameux de St. Benoît qui parmi nous et loin des bruits du monde a enrichi la science de ses découvertes dans les ruines du passé gothique. Mais déjà auparavant quelques rares épisodes de notre histoire locale avaient excité le zèle d'un de nos plus habiles philologues que l'âge et ses longs travaux ont relégué dans la retraite (1), et un autre membre de cette Compagnie avait lui-même publié des fragments sur Gallas à l'époque si désastreuse de l'invasion allemande qui, avec la destruction de nos villages, amena celle de leurs titres les plus précieux (2).

Voilà ce qu'a fait depuis peu d'années l'Académie en l'honneur de nos seules annales de la Province, et ce que j'ai tenté d'y ajouter moi-même pour cette ville dans des études nouvelles et pour lesquelles j'ai trouvé aux archives publiques et dans les bibliothèques un empressement que je me plais à reconnaître. Il ne manquera plus à ces choses que quelques dévouements semblables pour entrer davantage dans les réduits poudreux des anciens titres, où dorment d'un sommeil non interrompu des noms et des souvenirs qui ne demandent qu'un souffle qui les ranime et les restitue par une résurrection

---

(1) M. Peignot.

(2) M. Rossignol auquel l'histoire provinciale doit encore le classement des chartes d'affranchissement qui ont créé en Bourgogne l'organisation des communes au xiiᵉ siècle.

désirée contre l'ignorance et d'injustes dédains.
Dijon, en particulier, attend encore son histoire
pour laquelle il faut du temps, de la patience et
surtout un esprit neutre, dégagé des opinions du
jour. Puissent ces études sommaires que je livre au
public, et qui se rapprochent peu à peu de nous-
mêmes, inspirer à d'autres cette patriotique pensée
qui se recommande aux amis des lettres et de nos
anciennes gloires, et dont, si je ne l'ai pas fait
naître, il me suffira d'avoir encouragé l'essor.

ESQUISSES DIJONNAISES

MUNICIPALES ET PARLEMENTAIRES.

PREMIÈRE PARTIE.

LA COMMUNE. — Période municipale.

L'histoire de la cité est celle de la province entière, *Considérations historiques préliminaires.* quand, à l'exemple de la nôtre, elle en concentra long- temps la puissance par les grands Corps qui y résidèrent et le gouvernement qui s'en fit la base. Comment parler, en effet, des événements qui ont agité la ville pendant ses diverses fortunes, sans remonter aux causes pri- mitives qui ont amené dans la Bourgogne ou les inva- sions du dehors, ou les déchirements des guerres ci- viles, et comment écrire à son tour l'histoire de cette province sans parler de cette Chambre de ville qui fut la première expression de la liberté par la part que le prince lui laissa prendre aux affaires, ou les embarras qu'elle ne craignit pas de susciter.

C'est ainsi que le récit des faits généraux vient se grouper dans l'histoire de Dijon, comme celle-ci résume en elle seule les grands événements qui ont ébranlé la province et trouvé leur principal écho dans le sein des institutions municipales et du Parlement. Le Parlement et l'autorité de la ville ont donc été pendant des siècles le centre auquel est venu aboutir l'histoire de la Bourgogne, depuis que le souverain, après avoir, au moyen âge, affranchi la commune des liens du système féodal, parvint à l'asservir encore par le besoin qu'il cessa d'en avoir au gré d'une politique nouvelle.

Ces considérations expliquent comment je présente dans un chapitre à part tout ce qui touche à cette période si importante de nos annales dans l'origine, les progrès ou la décadence du pouvoir municipal Dijonnais. Soit que le peuple de cette capitale ait été appelé, en effet, à prendre part aux affaires, ou qu'il ait été réduit à en observer la marche, l'opinion dont il était la vive et intelligente figure a pesé plus d'une fois dans la balance de ses destinées, et le sentiment de sa force ou de sa critique n'a pas peu contribué à ce déroulement des faits dont la chronique que j'ai rassemblée est la plus fidèle image comme il en fut lui-même l'acteur ou le témoin. C'est donc dans cette atmosphère naturelle que se place tout l'intérêt de notre histoire locale; et sans dédaigner celui qui s'attache au récit d'événements particuliers dont je ne récuse ni l'autorité, ni l'importance, je crois qu'il faut toujours en revenir à la scène principale à laquelle tout vient aboutir en résultat, les faits comme les personnages.

Ainsi considérée, comme on va le voir, dans ce centre d'action, la liberté de la commune qui fut en France le berceau des autres libertés, disposa les hommes aux affaires, en leur enseignant la part qu'ils pouvaient y prendre. En formant des citoyens pour la cité, elle en forma pour l'Etat, et développa chez eux le germe des vertus publiques. Nulle part mieux qu'ici l'esprit municipal ne répondit à cet appel et ne s'y montra mieux préparé. En ces temps simples et primitifs, l'amour

de la patrie se confondait avec le respect du prince,
comme l'amour du prince n'était que l'expression figurée d'un sentiment plus large, celui du pays lui-même.

Mais le choix qu'il avait fait d'un maître pour le protéger ne s'accomplit pas sans qu'il se fût réservé quelque
chose de ses droits. De là l'origine des franchises com-
munales dans cette grande agglomération des cités qui
constitua plus tard les fondements de la monarchie. Or,
soit qu'on ait songé depuis à les lui surprendre par la
fraude ou à les lui arracher par la violence, la ville
veilla sur ses libertés par son adresse comme elle les défendit par son courage ; montrant par ses soins répétés
qu'elle était digne de mieux. Que si, dans les égare-
ments du zèle religieux, on la vit s'abandonner plus
tard aux représailles, comme à des précautions cruelles,
il faut se reporter à ces temps de malheurs où la foi
catholique, attaquée par une conjuration redoutable,
eut besoin, pour demeurer entière, de l'union de tous
ses enfants.

Hors de là, et comme nous le démontrerons bientôt,
soit qu'il s'agît de défendre une ville frontière contre les
invasions du dehors, ou de la protéger contre les factions; dans la paix comme au sein des malheurs publics
nés de la peste, de la famine ou du brigandage, la
Chambre de ville défendit ses murailles, affermit l'ordre
intérieur et lutta quand il le fallut contre des pouvoirs
rivaux qui tentèrent trop souvent de l'anéantir. Fière
de ses privilèges importants qui lui donnèrent pendant
des siècles la justice et l'administration, on la vit plus
d'une fois payer de son sang ce présent de la munificence de ses ducs; les secourir dans la mauvaise fortune, comme elle sut leur résister dans la meilleure,
en refusant des taxes excessives ou arbitraires.

Voilà ce que fut la cité depuis le moyen âge, date
de son organisation régulière, jusqu'à la réunion de la
province à la couronne, et depuis cette dernière époque
jusqu'à cette longue suite d'empiétements dont le ministère de M. de Colbert parvint à l'accabler, comme
le furent alors toutes les libertés du pays. Placée
presque en face d'un pouvoir irritable et bien posté-
rieur à elle, ni les rivalités du Parlement, ni sa haine,
tantôt patente et tantôt cachée, ne purent rien contre
un Corps qui se retrempait sans cesse dans l'élément
de la multitude et se nourrissait de sa propre vie. Il
faut voir dans la période que nous parcourons le spectacle de ces luttes quotidiennes dans lesquelles ce Parlement ne laissa échapper aucune occasion d'abaisser une
magistrature de ville qui l'emportait sur lui en franchise
et en popularité. La commune résista longtemps à ces
atteintes des hommes et du temps, et si elle les endura
quelquefois par force ou par impuissance, elle ne
tarda pas à s'en relever jusqu'au jour où, vaincue par
les efforts de la royauté, elle ne garda d'elle-même que
le souvenir de ses libertés. Cette défaite qui fut celle
de toutes les cités ne laissa subsister dans la nôtre que
l'ombre des anciens priviléges, et la monarchie de
Louis XIV n'en conserva que la figure, comme elle
confisqua au profit des intendants le peu d'administration qui nous restait.

On voit par ce résumé rapide, comme par ce qui
s'est passé toujours, que si la commune de Dijon a eu
sa part de gloire et d'initiative dans l'histoire de la province, elle a eu aussi ses jours de décadence et de
deuil; soit que, comme au temps de la ligue, elle ait
entraîné les esprits dans le fanatisme religieux, ou que,
dans un temps plus reculé, elle ait signé ce serment

célèbre (1) qui fit de la monarchie de Charlemagne
une province anglaise, où l'on vit, chose affligeante, le
roi de France trafiquer de sa couronne, le duc de Bourgogne de ses inimitiés, et la Chambre de ville d'un
droit qui n'était point à elle, et que la contrainte sous
laquelle elle s'abrita ne l'excusa pas d'avoir abdiqué.
Richard-Bonne était mayeur alors, Etienne Berbisey,
bourgeois, un des échevins signataires, et Nicolas
Rolin, chancelier de cette province, présent dans l'ap-
partement du duc au moment où fut, sous quelques ré-
serves, consommée cette adhésion coupable. Disons
pourtant, pour être vrai, qu'en se livrant ainsi à l'é-
tranger, la Chambre ne voulut pas permettre que les habitants fussent liés sous le titre d'hommes liges envers
le roi d'Angleterre au détriment de l'obéissance directe
qu'ils devaient à leur duc, et qui fut ainsi ménagée.
Mais les habitants réunis ne se payèrent pas de ces ré-
serves; dans une assemblée générale tenue aux Jacobins (2), tous protestèrent contre l'atteinte portée à la
nationalité du pays, et si leur voix ne fut point écoutée,
encore faut-il d'autant mieux lui applaudir et s'en glo-
rifier, que c'est à peine si, dans le temps dont je parle,

---

(1) Dit le traité de Troyes, par lequel la France et son souverain se donnèrent à leurs ennemis naturels en reconnaissant
Henri V, roi d'Angleterre, comme légitime héritier du trône.
   La teneur de ce serment fut ceci : « Promettons qu'après le
» décès de notre seigneur souverain, Charles, roi de France,
» nous serons vrais et loyaux sujets du très-haut et très-puissant
» prince Henri, roi d'Angleterre comme roi de France, notre
» souverain seigneur et de ses hoirs perpétuellement. »
                    (Registre de la ville du 27 février 1422)
(2) Le 22 février 1422.

                                                    2

la province était française, et qu'il s'agissait par le serment demandé d'écarter à jamais du trône ce dauphin
de France, meurtrier d'un de nos ducs dans ce guet
à pens fameux dont l'histoire a conservé le nom (1).

Tel fut en résultat, à côté d'un moment de faiblesse
excusable par l'entraînement général non moins que
par la volonté du maître, le premier cri français qui
protesta contre les humiliations du pays, et qui fit que
la Bourgogne se détacha bientôt de l'Angleterre en
rompant un pacte qui la déshonorait, et dont sa ville
capitale venait, comme on le voit, malgré elle, de subir
les effets au nom de cette politique impie qui dès lors
causa tous nos malheurs : *Mieux valent les Anglais
que les Armagnacs.*

La chronique que j'ai rassemblée, et dont j'explique
dès le début un des plus tristes fragments pour n'y plus
revenir et comme pour en soulager mon récit, fait
connaître les choses comme les personnages ; c'est l'in-
ventaire le plus exact de nos annales et des vicissitudes
de la cité, c'est aussi l'histoire partielle du Parlement
lui-même qui réfléchit celle de la ville, comme celle de
la ville reproduit les révolutions de ce grand Corps qui
a laissé dans nos mœurs et nos habitudes locales l'em-
preinte de sa longue domination. Le temps viendra,
comme je l'ai dit, où je présenterai sur ce sujet une
notice égale à celle-ci par l'intérêt, non moins peut-
être que par les recherches historiques qui la rempli-
ront, et, entre ces deux puissances rivales, quoique

---

(1) Au pont de Montereau où Jean-sans-Peur fut tué par les
propres gens du Dauphin et en présence de celui-ci, le 10 septembre 1419.

distancées par le rang, pourrait se placer encore l'étude à faire des progrès de l'esprit humain dans une ville non moins célèbre par sa suprématie dans les lettres qu'elle fut grande dans les événements. De ces luttes, comme de ces rivalités, sont sortis les hommes de génie dont le temps nous a légué les travaux ; aujourd'hui je recherche les institutions à l'ombre desquelles ils sont nés, et ce que nous devons à celles-ci de respect dans les phases diverses de cette histoire municipale qui est devenue la leur par la gloire qu'ils lui ont laissée, non moins que par celle qu'ils en ont reçue.

La Commune de Dijon existait bien avant la charte que nous savons, et dont la date la plus connue est de 1187, la seule qui ait été retenue par les chroniques, et qu'on a nommé mal à propos charte d'affranchissement (1). Cette preuve d'antériorité résulte de ce que

Origine de la Commune.

---

(1) Cette charte écrite en latin fut donnée à l'instar de celle de Soissons. Le duc ordonne que dans la ville et la banlieue (on sait que Dijon avait pour retrayants plusieurs villages soumis à ses lois et à sa justice), on s'aide mutuellement, et qu'on empêche de faire tort à personne ; qu'aucun ne prête son argent et ne fasse crédit aux ennemis de la commune ; que les habitants jurent et promettent d'en observer les lois ; que si un membre de la commune, ou la commune elle-même commet quelque délit contre le duc, celui-ci en demandera justice au maire, selon le jugement des jurés ou échevins, et ne pourra le traduire ailleurs qu'à cette Cour ; que le maire et les jurés auront seuls le droit de faire saisir et mettre en prison ; de plus, on y fixe les amendes, ainsi que le titre de la monnaie; on parle des droits qu'ont le duc, son connétable et son sénéchal d'assembler les habitants pour les mener à l'armée. Le prix de cette concession y est ensuite fixé à cinq cents marcs d'argent payables

dès 1183 le roi Philippe-Auguste avait, par lettres-patentes données à Chaumont, confirmé une première reconnaissance des ducs, dont la date, quoique non rappelée dans la seconde charte que nous trouvons transcrite dans les recueils, doit être reportée en l'année 1182 qui a précédé cette confirmation et en forme le préliminaire obligé. On voit d'ailleurs dans le cartulaire de St. Benigne des personnes qui se qualifient de mayeurs près d'un siècle avant la charte dont nous nous occupons; et ce fait important joint à ces mots : *Salvâ libertate quam prius habebant,* qu'on trouve dans celle-ci comme dans celle de 1187 elle-même, prouve que le duc Hugues III, en l'accordant, fit moins aux habitants une concession nouvelle qu'il ne voulut réparer par une reconnaissance la ruine des anciens titres qu'un incendie venait de dévorer, comme il avait détruit la plus grande partie de la ville elle-même (1).

---

chaque année, moyennant quoi les membres de la commune seront exempts de tailles pour toujours; somme qui, comme nous allons le voir, sera convertie bientôt en un impôt plus commode. Puis le duc s'engage, de son côté, à suivre et garder exactement ladite charte, sous peine de correction du roi de France et d'interdit de son duché par l'archevêque de Lyon et les évêques d'Autun, de Langres et de Chalon, etc. (Voir au recueil de Pérard, page 333, cet acte rapporté dans son entier, à cause de son importance locale.)

(1) Cet incendie qui arriva le 28 juin 1437, et dont on attribua la cause à un orvale de feu, fut tel, dit Guillaume Paradin, « que le lendemain tous les seigneurs, bourgeois et peuple n'eurent moyen de se mettre à couvert, n'y ayant eu ni palais, ni église qui en fussent exceptés. »

Ainsi finit le *castrum* comme avait fini auparavant lui la ville

Ainsi se reporte tout au moins au berceau du moyen âge l'origine comme la création de cette commune ; soit qu'elle ait résisté par sa propre force aux atteintes de la puissance féodale, ou qu'après avoir été par elle effacée, elle ait obtenu plus tard de la justice de ses ducs le retour à ses droits primitifs qui furent en France ceux de toutes les cités, et particulièrement de celle dont nous parcourons l'histoire. D'où l'on pourrait dès à présent conclure que dès ce temps la ville eut ses magistrats particuliers, sa police et son administration, et que même, en remontant plus haut, il serait difficile de reconnaître à vue d'aucun document contraire un intervalle quelconque où il ait cessé d'en être pour elle de cette forme usitée du gouvernement domestique.

Après la conquête des Romains, celles de ces villes qui ne furent point soumises à l'esclavage conservèrent le droit de vivre selon leurs coutumes, et de se choisir des magistrats. La ville de Dijon qui, suivant toute apparence, fut de ce nombre obtint, sous la protection des Césars, des privilèges égaux et même de plus considérables, ainsi qu'on peut le voir par une foule d'inscriptions et de bas-reliefs employés comme matériaux et non comme ornements, et découverts dans ses ruines jusque sous le palais de ses anciens ducs, monuments qui attestent, outre son importance antérieure, l'élévation de ses habitants à tous les droits de citoyen ; comme

---

elle-même, de la manière que nous dirons bientôt. Les ducs Capétiens profitèrent de cet incendie pour étendre l'enceinte de celle-ci, et y réunirent les anciens faubourgs dans les fortifications dont nous voyons les restes, et qui furent achevées seulement vers 1371 sous les ducs de la seconde race, avec des augmentations depuis successives.

déjà au temps de cette occupation première elle était la résidence du Grand-Prêtre des Druides (1) qui, dans cette partie de l'ancienne Gaule, présidait aux cérémonies sacrées. Cité déjà considérable alors sur les débris de laquelle fut établi depuis le *castrum*, après qu'elle eut été détruite, suivant la tradition la plus vulgaire, dans une invasion de Barbares vers le commencement de l'ère chrétienne.

---

(1) Chindonax, prince des Vaccies, dont le tombeau trouvé le 2 novembre 1598 dans les vignes des Poussots fut visité plus tard par Henri IV, et dont l'existence ancienne est attestée par le témoignage de Delamarre, de Claude Saumaise, de Legouz de Gerland et du médecin Guenebaut lui-même, dans la propriété duquel cette découverte fut faite. Ce monument des premiers âges qui reculait nos origines bien au-delà du règne de l'empereur Claude sous lequel furent exterminés les Druides à cause de leurs sacrifices humains, a disparu dès le commencement du xviii° siècle, après avoir passé successivement des mains du cardinal de Richelieu à celles de Gaston d'Orléans, et depuis à plusieurs autres. L'inscription grecque qu'on y lisait portait ces mots :

Dans le bocage de Mithra,
Ce tombeau couvre le corps de Chindonax, grand-prêtre.
Arrière impie, car les dieux sauveurs gardent mes cendres.

On sait d'ailleurs que les Druides ne s'établissaient que dans les forêts, proche des villes ; le tombeau de leur grand-prêtre à nos portes est donc un témoignage irrécusable de l'importance ancienne de cette cité. Toute la partie de la ville que l'on nomme aujourd'hui Montmusard, Chamaillot, Creux d'Enfer et les Argentières, est pleine de ces souvenirs de l'antiquité Gauloise qui sont en résultat ceux de sa première origine connue.

Le premier président de Villeneuve trouva lui-même au xvi° siècle, lors de sa captivité de Suisse, une chronique fort ancienne qui confirmait ces antiquités.

Mais bientôt les officiers préposés par les empereurs au gouvernement des provinces attirèrent à eux toute l'autorité, et, dans cette période de l'histoire dite Gallo-romaine, Dijon eut, comme les autres villes, ses comtes, c'est-à-dire des usurpateurs de ses droits municipaux. Térence exerçait à ce titre, dans cette ville, l'autorité souveraine au nom de l'empereur Marc-Aurèle, au temps où St. Benigne, cet apôtre de la foi, *apud Castrum divionense martyrio consummatus est* (1). Toutefois, l'autorité dont ce gouverneur était revêtu ne porta point d'atteinte au droit que conserva la ville de se choisir des officiers alors connus sous le nom de *defensores civitatis, defensores plebis,* et dont le chef se nommait *major,* d'où est venu sans doute ce titre

---

(1) (Grégoire de Tours). Ce martyre eut lieu en l'année 173 de l'ère chrétienne, la même où l'empereur Marc-Aurèle fit établir le *Castrum divionense* que des écrivains sérieux ont pris mal à propos pour le berceau de cette cité, tandis qu'il n'en fut que la citadelle fondée pour la garantir contre les invasions des peuples voisins; témoins les bas-reliefs trouvés, comme on l'a vu, lors de la destruction des 33 tours qui l'environnaient, lesquelles furent abattues dans le xiiie siècle, et dont la Commission des antiquités de la Côte-d'Or a recueilli encore de nos jours de nombreux vestiges.

On sait d'ailleurs que les hommes apostoliques qui se répandirent alors dans les Gaules pour y prêcher l'Evangile ne s'arrêtaient que dans les lieux les plus considérables du pays, et cette réflexion prouverait à elle seule que Dijon était déjà dans ce temps une ville importante. A quoi il faut ajouter le voyage qu'y fit cette même année Marc-Aurèle, *ut videret novos muros quos construxerat,* dit la chronique de St. Benigne qui fixe l'époque de ce voyage vers le milieu du iie siècle, quand cet empereur allait combattre les Marcomans.

fameux dont nous parlerons plus tard, et qui fut pendant des siècles le symbole de nos libertés. Ces défenseurs de la cité faisaient, comme de nos jours, la répartition des impôts, ils veillaient à l'ordre intérieur et connaissaient des causes civiles et criminelles dans les cas les moins importants. Dijon dépendait, comme ville de la cité des Lingons lorsque les évêques de Langres la choisirent pour leur résidence ordinaire (1), après qu'ils l'eurent obtenue de la munificence des rois Carlovingiens.

Les Bourguignons, venus de la Vistule et qui avaient connu la liberté dans leurs habitudes barbares, en s'établissant dans les Gaules comme hôtes ou comme conquérants, ne changèrent rien à l'administration intérieure des villes, et les comtes nommés par les rois de Bourgogne ne firent qu'exercer sous ce nom l'autorité qu'ils avaient exercée sous les empereurs. Dans ce mélange des hommes et des races, où les mœurs de la conquête survécurent à la domination elle-même, les lois, chose étonnante, conservèrent leur puissance et leur personnalité; les Bourguignons suivirent la loi *Gombette,* et les Gaulois la loi romaine sous laquelle ils avaient longtemps vécu; distinction aussi funeste qu'impolitique, qui entretenait la division dans un peuple nouveau qui ne devait compter que des frères. Ce fut de l'union de ces peuples par le mariage, que se formèrent ici plus tard les mœurs de la cité par celles de la famille, avec leur génie différent.

_____

(1) St. Urbain, l'un d'eux, y fit construire les deux basiliques de St. Etienne et de St. Jean, et fut inhumé, ainsi que St. Grégoire et St. Tétrique, deux de ses successeurs, dans cette dernière église aujourd'hui devenue un marché public.

Depuis la révolution des fiefs, arrivée en 877 dans l'assemblée de Quiercy-sur-Oise, les comtes institués par les évêques de Langres pour gouverner en leur nom, au lieu de simples bénéficiaires qu'ils étaient, disposèrent de l'hérédité de leurs charges, et c'est par l'effet de ce changement mémorable survenu dans la constitution féodale, que le gouvernement de la ville passa, avec tous les droits qui y étaient attachés, dans la maison de Vergy, moins quelques priviléges seigneuriaux que les évêques s'étaient réservés à l'exemple des rois de France leurs prédécesseurs et leurs maîtres. C'est ainsi, et à la suite de cette transmission, que le comté de Dijon, après avoir demeuré pendant de longues années dans la succession d'Othe-Guillaume, qui en était devenu propriétaire, fut racheté par le roi Robert qui le transmit à son fils du même nom, premier duc de la race Capétienne, avec la souveraineté de la province, dont, par sa volonté suprême, Dijon devint la capitale (1). Mais déjà, bien avant la réunion dont je viens de parler, les évêques ou leurs comtes s'étaient fait remplacer par des vicomtes, *vice comites*, auxquels ils avaient, en leur absence et celle des comtes leurs représentants, délégué une portion de leur autorité, et qui, à l'exemple de ceux-ci, invoquèrent, pour en disposer, la même loi qui avait rendu ces derniers héréditaires.

Telle est l'origine du vicomté mairie de Dijon séparé du comté dès le neuvième siècle; personnel et viager d'abord jusqu'au commencement du onzième, qu'il échut en partage à une famille puissante dont Guy-le-

---

(1) 1018.

Riche fut le premier possesseur-héritier et qui finit par s'en dessaisir par l'effet du rachat qu'en firent, en 1276, les ducs de Bourgogne, de Guillaume de Pontailler, l'un de ses membres, pour le céder ensuite à la ville *cum omnibus juribus, et pertinentiis justitia, dominio et aliis,* dit la Charte dont je parle (1). Mais cette concession ne fut pas la seule, et en même temps qu'avec ces priviléges la ville obtenait le patrimoine de sa propre justice, le duc convertissait la dette de cinq cents marcs d'argent, à laquelle elle se trouvait obligée par la charte de la commune, en un impôt plus facile, auquel il fut ajouté quelques taxes qui n'étaient qu'un équivalent fictif du vicomté, dont elle venait de voir ses libertés s'accroître. Cet accord fut fait en 1282 et confirmé par le roi en 1284, origine véritable de ce pouvoir nouveau que nos ducs avaient contribué à fonder, qui s'élevait tout à côté d'eux-mêmes, et dont ils ne tardèrent pas à se repentir.

Telle fut la cause de cette institution de la commune née des débris du système féodal, peut-être aussi bien modifiée par lui, et qui a fondé parmi nous la seule liberté sérieuse que nos pères aient connue et dont on leur ait permis l'usage. Concession étonnante, si l'on ne considère qu'elle n'eut pas pour le prince d'autre but que d'acquérir de nouveaux sujets à la place de ceux que lui avait enlevés le régime féodal lui-même par la confiscation des droits régaliens et de la personne des citoyens

---

(1) Emanée du duc Robert II et relatée dans une ordonnance de Philippe-le-Hardi qu'on peut voir au recueil de Pérard, page 346.

arrachés par la glèbe à la liberté civile. Ce qui fit, dès ce temps, que ce que la centralisation administrative ne souffrirait pas de nos jours, les ducs, et après eux les souverains qui leur ont succédé, l'ont permis, et parfois même ordonné, sinon, comme je l'ai dit, par amour de la liberté, du moins par ce secret de leur politique qui faisait que, dans les luttes continuelles du gouvernement avec les seigneurs, il fallait, en enlevant pour l'avenir (1) les serfs à l'esclavage, se créer un appui nouveau, sauf à faire servir plus tard les querelles de chacun au profit d'un pouvoir qui n'avait rien à attendre de leur accord, comme ils avaient tout à redouter de lui-même le jour où il pourrait les accabler tous deux.

C'est ainsi et en vertu de ces maximes anciennes de gouvernement que l'on verra plus tard, par une préférence calculée, l'autorité de la ville, subalterne à celle du Parlement, trouver presque toujours un appui dans la souveraineté du prince qui s'en servit à son tour pour donner à ses querelles avec ce corps ce caractère de popularité qui lui eût, sans cela, manqué; de même que sous les ducs des deux dernières races ceux-ci se ser-

Rivalités de la Ville et du Parlement.

—

(1) On remarque que la charte d'affranchissement ne préjudicia pas aux droits qu'avaient auparavant elle, le duc, les nobles, l'Eglise et les chevaliers sur leurs hommes dans la ville de Dijon, et dont elle limita seulement ainsi les usurpations pour l'avenir; sur quoi on a fait observer avec raison qu'il fallait que dès ce temps la population de la ville fût considérable et les hommes libres déjà nombreux pour pouvoir acquitter la taxe de 500 marcs d'argent fin à laquelle la charte de 1189 l'avait assujettie, et qui était une somme très-importante pour ce temps.

virent presque toujours de la commune dans leurs luttes alors si redoutables avec les seigneurs qui les eussent accablés sans elle.

Les gouverneurs qui représentèrent plus tard à Dijon, pendant des siècles, l'autorité des rois, suivirent la même politique et eurent, de même, lieu de s'en applaudir. Le maire Millotet, durant la Fronde, lutta, comme nous le verrons bientôt, de concert avec le duc de Vendôme, contre les entreprises du Parlement soutenu par le premier président Bouchu. Condé lui-même appelait les officiers de la ville *ses bons amis*, et se plaignait à eux, dans une assemblée générale, de ces privilégiés qui, bien qu'ils ne fussent *hors du palais*, disait-il, *que de simples citoyens, sujets aux charges communes, refusaient néanmoins d'obéir aux magistrats municipaux; semblables qu'ils étaient à ces éponges sèches qui, après avoir tiré dans la paix toute la substance de la province, n'en voulaient pas dans la mauvaise saison (et par le refus de contribuer aux fortifications), rendre un quart d'écu dans la bourse du roi,* faisant allusion par ces paroles aux actes du Parlement qui, par une invocation imprudente de ses privilèges, avait osé, dans un grand danger de guerre, refuser de prendre part à cette dette de tous (1).

---

(1) Registre du 28 décembre 1636.

Ces reproches étaient fondés sur la résistance de ce Corps qui, comme il l'avait fait en 1576 à l'approche du prince des Deux-Ponts, avait encore refusé, lors de l'invasion de Gallas en Bourgogne, de contribuer aux fortifications de la ville, malgré deux ordres du roi et ceux que le prince avait donnés lui-même; pourquoi le conseiller de Gand, l'un de Messieurs, s'était, en sa qualité de syndic de la compagnie, laissé contraindre

Enfin, et comme derniers exemples, ce fut aussi un prince de cette maison qui soutint la Chambre de ville dans ses luttes habituelles avec celle des pauvres où dominait le Parlement, et fit si bien, par son crédit, que la ville racheta, moyennant finance, le droit d'élire ses officiers que l'édit de Versailles avait anéanti pour elle, comme il le fit pour toutes les cités du royaume (1).

Ces préférences qu'on retrouve à chaque pas dans notre histoire municipale et dont, sans le soin que nous prenons de les rappeler d'avance, on ne saisirait pas le caractère politique, entretenaient entre deux corps importants, quoique inégaux en pouvoirs, un foyer d'irritation et de rivalités. Il faut voir, au 17e siècle, dans la correspondance du premier président Brulart adressée aux ministres de Louis XIV, avec quel dédain affecté il traite ces officiers qu'il appelle *bourgeois*, et par conséquent, dit-il, *sans autorité et sans considération dans une ville si forte en privilégiés, ce qui le rend peu jaloux,* suivant lui, *de commander à ces gens-là,* et n'empêche pas

---

par la saisie de ses propres meubles, ce qui joint à d'autres griefs amena l'interdiction du même Corps prononcée en 1636 et sa translation à Semur, d'où il fut bientôt rappelé (Registres du Parlement.)

On voit de plus dans les registres de ce Parlement (21 novembre 1514) qu'il avait auparavant refusé pour chacun de ses membres de payer aucun impôt pour le pavé de la ville comme pour le droit d'octroi, prétendant sur ce dernier point que les vins de leurs héritages, soit qu'ils le destinassent à leur consommation ou à la vente, étaient exempts de tout tribut comme ils l'étaient partout eux-mêmes des logements des gens de guerre et autres charges, par privilége des souverains, en rémunération de leurs services.

(1) Registre du 24 janvier 1693.

néanmoins qu'il n'insiste avec force pour qu'il soit dit qu'ils céderont et seront condamnés à lui obéir. Une autre fois, et presque dans le même temps, il écrit à M. de Lavrillère pour se plaindre du maire qu'il qualifie de *juge subalterne*, et se permet, *magistrat populaire et avocat sans cause, des manières de bravade envers lui, chef de la justice, quelque peu jaloux qu'il soit de recevoir ces civilités d'un simple bourgeois.*

Il suffira de ces citations qu'on pourrait multiplier davantage et que des propos se traduisaient en un antagonisme incessant, pour avoir une juste idée des hauteurs dont le Parlement accablait en toute chose les officiers de la ville ainsi que la suite le démontrera bientôt. Or il ne faut pas oublier que l'homme qui s'exprimait de la sorte était la plus grande puissance de son temps, et ne faisait en cela qu'obéir à des habitudes héréditaires dont, malgré l'élévation de son esprit, il ne se croyait pas lui-même dégagé.

Ce ton d'aigreur et d'arrogance respire d'ailleurs dans tous les actes comme dans les lettres de la Compagnie ; c'était, comme je l'ai dit, l'état des mœurs alors comme c'en était la physionomie fidèle, témoin ce dernier fait que je citerai parmi d'autres très-nombreux et qui arriva dans cette ville vers la fin du seizième siècle, sous le majorat de Jean Petit, et la première présidence de Denis Brulart, l'aïeul même de celui dont je viens de parler. Soit violence ou irréflexion, comme par un oubli peu pardonnable de sa dignité, celui-ci avait tenu sur la Chambre de ville des propos aussi injurieux qu'étranges qu'on trouve tout au long rappelés dans le registre des délibérations du temps (1), et dont les

_____

(1) 30 mars 1577.

magistrats municipaux se montrèrent d'autant plus jus-
tement émus que cet outrage avait été public et adressé
au procureur syndic au moment où, suivant le devoir de
sa charge, il venait de rendre compte au Parlement de
ce qu'il restait à la ville des deniers accordés par le Roi
pour le danger de la peste. La Chambre aussitôt prévenue ne pouvait se laisser ainsi insulter sans déshonneur,
et voici l'expédient auquel elle avisa et dont, par le fait,
elle ne tarda pas à se repentir. Elle chargea Guillaume
Chevillot, avocat à la Cour et ancien échevin, de se pré-
senter en son nom au Palais, à l'audience de la Grand'
Chambre, pour la supplier et requérir humblement,
dit la plainte, de déclarer si les paroles prononcées par
le premier président l'avaient été de son aveu et par
ordonnance d'icelle pour après la réponse rendue, les
mayeur et échevins, se pourvoir ainsi qu'ils jugeraient
faire.

Une démarche si digne, qui cachait une menace et
des résolutions, plaçait la Compagnie dans l'alternative
ou de désavouer le premier président ou de s'approprier
les injures qu'il avait dites. Or, aucun de ces partis ne
pouvait convenir à un Corps trop fier pour reconnaître
simplement un tort, et trop jaloux de ses prérogatives
pour abandonner son chef qui, en résulat, n'avait guère
exprimé que ses propres sentiments. Voici donc la résolution qui passa, et dont la ville fut bien obligée
de se contenter, bien qu'elle ajoutât à des griefs déjà
trop fondés, un démenti de plus donné à un honnête
homme qui avait eu le courage de les signaler. Le
Parlement, en assemblée générale, tança vertement la
Chambre d'avoir trop légèrement donné créance au
rapport de son syndic, ordonna que la délibération
qu'elle avait prise serait biffée de ses registres avec dé-

fense d'en prendre désormais de pareilles; puis avertit ce même syndic présent à la barre, qu'il avait mal et *contre vérité* rapporté les paroles du premier président et qu'elle avait égard à sa jeunesse, imprudence et témérité, sans quoi elle lui eût fait, dit l'arrêt, brûler jusqu'au bout une torche entre les doigts (1).

Telle fut la conclusion de cette affaire qui reflète, sous un jour déplorable, les passions qui animaient alors le Parlement contre la Chambre de ville et lui faisait consacrer par intimidation l'impunité acquise désormais de tous les outrages dont il lui plairait de la couvrir et que chacun semblait ainsi se ménager.

Bien plus, et en 1634, on vit les femmes du Parlement suivre elles-mêmes un aussi triste exemple, en affectant de s'emparer des places destinées à la Chambre pendant les prédications de la Sainte-Chapelle, sans vouloir les abandonner, ce qui força le maire à déclarer aux présidents que, s'ils n'y mettaient bon ordre, il ferait prêcher en un autre lieu (2); pendant que, dans le même temps ce Parlement, de son côté, rendait arrêt qui donnait sur les échevins préséance aux simples avocats, ce qui fit que la ville encore fut obligée de se pourvoir au conseil contre cette usurpation d'un autre ordre (3). Nouvelle preuve qui démontre que, dans les petites comme dans les grandes choses, il y avait contre les délégués du peuple un parti pris de ces bravades qu'on pouvait prendre pour du mépris et qui n'était que le reflet véritable des vanités de cette époque.

Ces sentiments étaient depuis longtemps ceux de la

(1) Registre du 30 mars 1577.
(2) Registre du 14 mars 1634.
(3) Registre du 19 août 1633.

Compagnie et éclatèrent jusque sous la Ligue et dans les derniers jours de son agonie. Le Parlement ne pardonna jamais à la ville des priviléges qui, au centre d'un état monarchique, semblaient en faire une petite République, ce qui permit, comme nous le verrons plus tard, qu'elle osa parfois résister et se montrer supérieure à lui. En effet, les registres de ce Corps, aussi bien que ceux de la ville elle-même, attestent les efforts qu'il accumula pour amoindrir, en tout temps, ces libertés, quand il ne put pas les vaincre ou les attirer à lui, et, à défaut de raisons légitimes, les prétextes ne lui manquèrent pas. Tantôt c'était la brigue qu'il fallait déjouer, tantôt l'autorité royale qu'il en disait atteinte et pour laquelle il se montrait excessivement jaloux. Sous la Ligue, ce fut l'intérêt de la Foi menacée ; sous la Fronde, celui des princes réfractaires, déguisé sous une forme plus honnête ; en tout temps, des motifs autres que les véritables et qu'on n'osait avouer. Puis, passant de la violence à la dérision, on alla jusqu'à ordonner, au lieu d'une élection sérieuse, la désignation par le sort d'un des trois noms qui auraient obtenu le plus de voix, pourquoi la ville fut obligée de recourir au Roi qui fit casser, par son conseil, un acte aussi révoltant (1). Dans certains cas, on ne craignait pas non plus de circonvenir le gouverneur de la province, ou bien de députer au souverain lui-même, ce qui obligeait la ville d'envoyer à son tour des députations ruineuses qui répondissent à celles qu'entretenait à grands frais le Parlement. Ainsi voit-

_____

(1) Juin 1529. Les mêmes efforts suivis du même insuccès se renouvelèrent en 1599 et depuis en 1610 sous la première présidence de Nicolas Brulart.

on, au dix-septième siècle, qu'il ne tint pas au premier président de la Berchère en personne, que Louis XIII, qui l'avait consulté, ne supprimât à sa première entrée nos priviléges, ayant insidieusement répondu au Roi que ni Henri III ni Henri IV ne les avaient voulu promettre, bien que l'eussent fait leurs devanciers. Mais heureusement Richelieu n'était pas dans ces murs, et le roi prétexta de son absence pour ne rien résoudre sans lui, ce qui était par avance menacer ces franchises comme le refus déguisé du prince d'en jurer l'observation le confirma plus tard (1).

A côté de ces dangers sans nombre se succédaient des luttes et des exigences nouvelles aussi bien que des piéges perfides et nouveaux. C'est ainsi qu'on feignait parfois d'ignorer des titres qui existaient bien auparavant le Parlement lui-même et pour lesquels on demandait des communications aussi ridicules qu'inutiles ; c'était, j'éprouve quelque honte à le dire, pour en vérifier de nouveau la preuve qu'on espérait perdue ; mais la Chambre ne s'y laissait pas prendre, elle gardait fidèlement son trésor, assemblait au premier danger les habitants et en imposait par une attitude sévère à ces menées indignes de la majesté d'un grand Corps.

Telle est en abrégé l'histoire de ces rivalités qui

(1) Registre du Parlement du 31 janvier 1629. C'était peu de temps avant la révolte de *Lanturelu* qui servit au moins de prétexte à cette rigueur. On lit dans l'acte cité que Louis XIII, bien qu'il reçut à St. Benigne le serment accoutumé du maire et des échevins, ne jura pas d'observer les priviléges municipaux comme l'avaient fait auparavant lui les autres souverains, s'étant contenté de promettre d'en faire donner lettres de confirmation par son Garde des sceaux (Registre de la ville du même jour.)

tiennent une place importante dans les archives de la commune, que je ne pouvais supprimer sans une réticence coupable (1) , et que j'ai dû placer en tête de ces esquisses comme pour expliquer d'avance les événements que nous verrons se dérouler bientôt par cette politique irritante qui des esprits avait passé dans les mœurs, puis des mœurs dans la situation, et fit presque à elle seule le fonds commun de cette époque.

D'où il nous sera permis dès à présent de conclure que c'est par une erreur de critique, sinon par ignorance des choses, qu'on a pu dire, comme je l'ai lu quelque part, que le Parlement fut ici dans ces temps l'expression la plus avancée des intérêts de la bourgeoisie dont il prépara l'avénement aux affaires. Il suffit des actes que j'ai rappelés et de ceux dont nous parlerons bientôt pour se convaincre que ce Corps ne songea guère en toute occasion qu'au maintien de ses prérogatives dont l'avénement dont je parle eût été la ruine, et que s'il prit en main les droits du peuple, ce fut plutôt pour son propre compte et comme pour faire oublier à la nation ces Etats généraux du pays auxquels il prétendait se substituer, et dont il se disait la figure. Mais ni ses oppositions aux édits bursaux, ni même ses remontrances courageuses, si elles durent complaire à des intérêts souffrants qui en profitèrent comme d'appui, ne tromperont pas les sévérités de l'histoire sur la politique d'une Compagnie qui, ainsi que je le dis à regret, ne songea trop souvent qu'à elle-même, et fit par-

_____

(1) Nam quis nescit primam esse historiæ legem ne quid falsè dicere audeat, deinde ne quid veri non audeat? (Cicéron, *de Oratore*, § xv.)

fois le bien du peuple dont elle se para comme pour servir à déguiser des motifs moins sérieux et qu'elle n'osait avouer.

Bien plus, et à côté de ces résistances sans nombre, la magistrature de ville ne montra pas moins de sagesse dans les luttes de ce Parlement avec la Chambre des Comptes qui eût été sans elle transférée dans un autre lieu, sur l'ordre qu'en avait obtenu de la Cour le Parlement lui-même. Cette mesure sollicitée dès longtemps tenait à l'ancienne rivalité des deux Corps entre lesquels les répugnances étaient telles que le Parlement déclara tout le premier que s'il était fait obstacle au départ obligé des Comptes il transporterait sa résidence ailleurs. Au milieu de cet antagonisme inquiétant, la ville ne pouvait vouloir aucune des deux choses par lesquelles, disent les délibérations du temps, elle fût considérablement déchue de sa splendeur, et, à défaut du maire qui s'inclinait déjà devant un ordre évidemment surpris, un simple échevin nommé Pérard indiqua dans une allocution sévère (1) le seul parti qu'il restait à prendre pour sauver en ceci les intérêts de la ville et se montrer ferme entre chacun. Le peuple, à la vérité, vint en aide à ses magistrats, en refusant par la sé-

_____

(1) Où il dit, entre autres choses, « que le maire et les éche-
» vins ne portaient pas seulement leur charge pour le nettoie-
» ment des rues, mais pour la garde des priviléges municipaux,
« pour la conservation desquels ils avaient prêté serment. »
Sur quoi, en l'absence du maire qui se retira sous prétexte que ces propos étaient contraires au service du roi, il fut résolu tout d'une voix par la Chambre de convoquer les notables habitants (8 octobre 1627, Registre municipal).

dition (1) de laisser partir les voitures qui devaient transporter les archives des Comptes; mais un acte adressé au gouverneur, le duc de Bellegarde, contribua à l'adoucir, et la Cour mieux éclairée elle-même par une députation de la Chambre révoqua plus tard et malgré les résistances nouvelles du Parlement une mesure fatale contre laquelle avait protesté la voix des habitants assemblés. Ici, comme on le sent, les libertés municipales avaient amené ce désaveu où l'on vit, chose incroyable, le Corps de ville se montrer beaucoup plus sage que la magistrature suprême, et la prudence achever ce que le patriotisme avait entrepris.

Cette prépondérance de la Commune dans les affaires tenait à son organisation puissante aussi bien qu'au caractère de ses magistrats. Le maire, en effet, qui avait la police et l'administration, avait aussi bien la justice, c'est-à-dire le droit de prononcer souverainement, même sur les cas capitaux et de faire exécuter ses sentences sans appel. A la vérité il devait être assisté des échevins et d'un certain nombre de gradués, sorte de jury d'alors; mais le Parlement restait étranger à ces procédures, et ce ne fut, suivant toute apparence, que par suite d'empiétements successifs qu'il parvint à s'en emparer (2). Le maire Laverne et le capitaine Gaux de la milice bourgeoise, convaincus pendant la Ligue du crime de haute trahison envers la ville, pour avoir tenté

Pouvoirs du Maire et de la Chambre de Ville.

---

(1) Arrivée rue Madeleine le 26 octobre de la même année.

(2) Comme on peut le voir, notamment par une délibération du 7 mars 1502, où la ville va jusqu'à faire offrir du vin à la Cour pour avoir confirmé, dit-elle, une de ses sentences qui condamne deux hommes à être pendus (Registre municipal).

d'en ouvrir les portes à Henri IV dans la personne de Vaugrenau, commandant de St.-Jean-de-Losne, qu'ils avaient fait embusquer au faubourg St.-Pierre, eurent la tête tranchée au Morimont par l'effet d'une de ces sentences et malgré l'appel qu'ils en firent au Parlement lui-même (1), auquel pour cette fois la toute-puissance de Mayenne avait interdit d'en connaître (2). Vainement M. de Tavannes, gouverneur du château, avait-il, pour obtenir leurs aveux, engagé envers les prisonniers sa foi de gentilhomme qu'ils ne périraient pas; il eut le déboire de voir annuler sa parole dans un conseil de légistes où il fut prouvé et débattu qu'elle était contraire au droit commun, non moins qu'à la justice de la ville qui avait provoqué cette assemblée (3). Enfin il ne fallut pas moins que l'intervention de ce même Mayenne pour arracher plus tard à ces juges impitoyables les membres du Parlement que le maire Fleutelot, simple procureur en ce siége, avait osé faire

---

(1) La tête de Laverne fut apportée à la main, par un boucher du Bourg, du lieu de l'exécution au cimetière St.-Médard, où elle fut enterrée avec le corps; sa famille et ses amis tentèrent, mais vainement, de lui faire célébrer un service; la Chambre s'y opposa sévèrement, à moins qu'on ne priât, dit la délibération, sans bruit.

(2) En envoyant le 19 septembre de Bruxelles par un trompette à la ville commission d'instruire « sans respect ni opposition, y est-il dit, de qui que ce fût pour révérence desquels ne serait différé de passer outre et d'y travailler en diligence. »

(3) Voir le registre du 10 septembre 1594 qui contient les protestations de Tavannes et avec lui des gentilshommes que, sur sa demande, le conseil avait fait appeler, et qui tous réclamèrent vainement en faveur de la parole donnée.

arrêter lui-même comme complices de la trahison (1),
et pour le châtiment complet de laquelle le chanoine
Gagne de la Sainte-Chapelle, malgré sa dignité ecclésias-
tique, fut pendu en effigie avec ses habits sacerdotaux.

Ce fut une triste chose que ce procès qui occupe
dans nos annales du xvi⁰ siècle une place très-considé-
rable et où la justice municipale ne resta pas entière-
ment pure de tout soupçon de forfaiture, si l'on en croit
la déclaration de Laverne qui affirma, avant de mourir,
qu'il eût pu s'en tirer pour de l'argent, ainsi que l'a-
vait fait Levisey, son complice, qui sur quinze cents
écus en avait fait compter cinq cents au procureur
syndic de la commune, qui l'aurait ainsi favorisé. Du
reste Laverne fut aussi lâche dans l'adversité qu'il avait
été arrogant dans le pouvoir, quand, à la tête de la cité,
il faisait peser sur le peuple une dictature inconnue
jusqu'à lui. Au contraire, Gaux qu'il avait dénoncé dans
l'espoir de conserver la vie, mourut avec courage et
refusa de nommer ses complices, en s'offrant en sacrifice à Dieu pour les maux dont la ville était menacée, et qu'il avait voulu prévenir par une résolution trop prompte que celle-ci accomplira elle-même

(1) MM. Fyot, Gagne, Bretagne et Quarré, les premiers auteurs du complot dans lequel ils avaient entraîné Laverne, en
lui promettant la mairie perpétuelle et 20,000 écus d'argent;
mais encore n'obtinrent-ils pas la liberté sans qu'il leur en coûtât
à eux-mêmes une grosse somme d'argent que sous main on leur
fit dire d'avoir à payer, sans qu'on voulût d'ailleurs en donner quittance, et que se partagèrent entre eux les valets du duc
de Mayenne fils que celui-ci ne payait pas; sur quoi, ajoute
une chronique du temps, Mme *la Première*, mère du conseiller
Bretagne, un des détenus, *s'estomacha bien fort*.

quelques mois plus tard en ouvrant ses portes au roi de Navarre.

Au milieu de cette confusion des pouvoirs publics, on accusa le maire Fleutelot d'avoir passé outre aux appellations dans l'exécution de la sentence que l'arrivée prochaine du duc de Mayenne pouvait empêcher; ce magistrat s'est défendu de ce reproche; mais toujours est-il que ce fut par ses ordres que les condamnés subirent leur supplice, et que ce sera, chose étrange, le même homme que l'on retrouvera bientôt répondant à Henri IV de la fidélité des habitants, comme de son dévouement à lui-même, dévouement au moins bien nouveau, en récompense duquel il obtint des lettres de noblesse pour s'être employé, y est-il dit, à la reddition de cette capitale au roi, *vertueusement*, au péril de sa vie (1).

Presque dans le même temps, un personnage non moins important, M. de Fervaque, commandant de la province en l'absence du gouverneur, s'était vu, sur un simple soupçon de félonie, détenu au château où il avait sa résidence et son commandement. Vainement M. de Mayenne en personne et le Parlement s'intéresseront-ils à son élargissement; le peuple, dans une assemblée tenue aux Jacobins, a décidé qu'il gardera prison comme suspect à la cause de l'Union qu'il devait défendre. Ceci se passait en 1589 (2), peu de temps avant le procès de Laverne, et, chose si commune en révolution, c'est ce même homme qui était maire alors et se rendait l'agent de ces

(1) Entérinées le 1er septembre 1595 (Registre municipal).
(2) Le 24 avril (Registre municipal).

fureurs, lui qui devait si peu tarder à les subir et
à les mériter. M. de Fervaque fut élargi, mais il ne
fallut pas moins que l'intervention du Légat, la plus
grande puissance de cette époque, pour obtenir de la
ville un retour à des sentiments plus traitables (1). Le
prisonnier, comme premier gage de sa délivrance, fut
obligé de compter jusqu'à 20,000 écus, somme énorme
pour le temps dont je parle; *il jura sur le salut de son
ame* de ne rien entreprendre contre l'Union ; mais la
commune ne se contenta pas de sa parole, et exigea de
lui, outre des cautions (2) qui furent obligées plus tard
de payer à sa place, la remise du château de Grancey
où elle envoya garnison avec un officier dévoué, chargé
de le commander pour elle.

Du reste Fervaque ne fut pas seul compromis dans
cette affaire, où la ville fit emprisonner encore plusieurs
membres du Parlement lui-même, ce qui excita les
plaintes de la Compagnie qui prétendit non sans raison
que c'était faire brèche à ses priviléges, et se termina
par une résolution des principaux notables portant

(1) Le cardinal de Cajetan, envoyé en France à l'occasion
des troubles de la Ligue, se rendit au Château le 15 décembre
1590, où il mit en liberté M. de Fervaque après lui avoir
fait jurer les articles de sa délivrance ; ce qui n'empêcha pas
celui-ci de menacer la ville quelques années plus tard, étant
devenu depuis l'un des plus dévoués partisans du roi de Navarre pour lequel il se battit bravement au combat de Fontaine-
Française.

(2) Parmi lesquelles le président Lecompasseur qui s'excusa,
mais en vain, d'acquitter ce cautionnement (Registre du 13
mars 1590), puis après lui les autres. (*idem*, du 24 janvier
suivant.)

que ceux-ci seraient relâchés pourvu qu'ils se continssent désormais envers les habitants (1).

Le maire, comme on le voit par ces exemples réunis, d'où procédait, jusqu'au regard des Cours souveraines, une autorité si considérable, était l'élu du peuple de la manière que nous dirons plus tard ; il était nommé pour un an, l'avant-veille de la St.-Jean-Baptiste, aux Jacobins, le marché d'aujourd'hui ; il prêtait à Notre-Dame, devant le grand autel, le serment d'usage dans lequel il promettait, entre autres choses, « de garder les franchises » et libertés de la ville envers le prince et ses officiers, » d'aimer et chérir ses échevins, de faire prompte jus- » tice à chacun, de faire exécuter les actes du conseil » et de ne laisser molester personne par ses sergents (2). » Outre les priviléges que lui donnaient dans leur plénitude la justice et l'administration, il était chef de la milice dans un temps où tout habitant était soldat, même les gens d'église et de robe, et où aucun soldat d'ailleurs ne pouvait entrer en ville sans en violer les priviléges. C'est ainsi qu'on le voyait tour à tour haranguer les princes en cimarre et défiler devant eux flamberge en main à la tête des bataillons des paroisses, ce qui explique ces anciens sceaux de la commune où il est représenté avec les attributs de la justice et de la guerre. De plus il avait la noblesse, une des grandes distinctions de cette époque, et malgré les résistances du Parlement lui-même qui ne craignit pas de faire biffer par arrêt un privilége incontestable déposé depuis des siècles au trésor de la ville, et que les rois eux-mêmes

(1) Registre municipal de 1589.
(2) Voir Registre de 1445 *ibidem*.

Laverne par des lettres que l'on peut lire et où il exalta sans mesure ses services et sa fidélité (1).

Mais à côté d'un épisode étonnant que peut expliquer à peine la fureur d'une époque à part, la ville puisa dans l'autorité de ses magistrats cette puissance et cette énergie qui la firent triompher des plus grands obstacles et l'éleva par le courage au niveau des anciennes Républiques. Seule et presque sans autre secours qu'une milice exercée au maniement des armes dans ce gymnase militaire que l'on nomme encore l'Arquebuse, elle résista par un dévouement héroïque à ces cinquante mille Suisses et Comtois qui, en 1513 (2), vinrent battre ses murailles en brèche et lui livrer jusqu'à deux assauts. La politique adroite de La Trémouille seconda, à la vérité, puissamment le courage de ses habitants ; mais ce courage, à son tour, fit la force du négociateur qui n'eût pas été écouté sans la résistance désespérée de la ville. On sait que pour quelques subsides le gouverneur obtint le départ de cette nombreuse armée qui menaça de s'emparer de la province

Guerres contre
le dehors.

(1) Registre du 16 juin 1595. Mais déjà Mayenne lui-même avait remis aux héritiers les amendes et la réputation. (Voir *ibid.* registres antérieurs.)

(2) Le 8 septembre de ladite année. On sait que dès le 4 du même mois, et par les ordres du gouverneur lui-même, le faubourg Saint-Nicolas avait été détruit ; celui Saint-Pierre, le 5 ; celui d'Ouche, le 7 ; et dès la veille, 6, le faubourg de la porte Neuve. L'église Saint-Nicolas, alors à l'entrée de la ville, et l'hospice du Saint-Esprit, aujourd'hui le Grand-Hôpital, ayant été seuls épargnés des destructions dans les faubourgs. L'ennemi se retira le 13 après six jours de siège. (Voir aux registres.)

et la mit à deux doigts de sa perte. Le patriotisme de cette capitale fit tous les frais de cette retraite et Dijon en puisa l'élan dans l'exemple de ses officiers municipaux. Pour favoriser sa défense, les faubourgs avaient été brûlés, les brèches réparées ; l'assaut soutenu corps à corps sous les auspices de cette Vierge noire qui, promenée sur nos remparts, conserva, pendant des siècles, de la reconnaissance publique, le surnom de Notre-Dame-des-Suisses. A des propositions déshonorantes par lesquelles l'ennemi avait demandé la Bourgogne, Milan, Crémone, Gênes et 400,000 écus, le gouverneur avait répondu par un coup de canon qui, rompant une première trève, enflamma les habitants et prépara par le désespoir le succès de la négociation. Les Suisses regagnèrent leurs montagnes avec leur grosse artillerie, n'emportant de cette campagne que la promesse honteuse d'une somme d'argent (1) pour la garantie de laquelle le maire Benigne de Circy, et avec lui Réné de Maizière, Jean de Rochefort, Philibert Godran, Jean Noël et Benigne Serre, qui s'étaient offerts en ôtages, furent conduits en Suisse où ils demeurèrent seize mois dans l'attente de la mort (2) et n'auraient jamais revu la patrie si le premier président de Villeneuve n'eût osé aller les

---

(1) Outre vingt-cinq mille livres payées comptant, qui fut tout ce que la ville put emprunter d'argent dans une quête faite la nuit chez les habitants. (Registre municipal.)

(2) Condamnés qu'ils furent par la diète, de Maizière et Rochefort, à avoir la tête tranchée, et les quatre bourgeois à être pendus ; chacun d'eux n'ayant dû la vie qu'à la crainte que l'on fit concevoir aux cantons de perdre par le supplice de ces ôtages l'argent qui leur était dû.

réclamer lui-même (1), et que Louis XII, à son tour, n'eût acquitté de ses deniers, avec la rançon des captifs, la dette d'une ville ainsi ruinée pour l'honneur de la France et pour son salut.

Depuis, à une époque moins ancienne (2) et lorsque Gallas et le duc de Lorraine vinrent envahir cette province et échouer devant une bicoque (3) défendue par une poignée de braves (4), Dijon aussi arma ses rem-

---

(1) Au péril de sa propre vie, témoin l'indigne traitement que les Suisses avaient fait subir au premier président du Parlement de Grenoble, que les Génois leur avaient peu auparavant livré et auquel ils n'avaient pas craint de faire donner la question. Le premier président Villeneuve, arrêté lui-même, fut conduit à Berne, au mépris de son sauf-conduit, et racheté depuis comme ôtage avec les autres; la Suisse ayant, par cette conduite déloyale envers tous, voulu venger la honte d'une expédition manquée.

(2) 1635.

(3) Saint-Jean-de-Losne. Sans autre secours que celui de quelques soldats pestiférés, où l'on vit des vieillards, des infirmes, et jusqu'à des femmes accourir et mourir sur la brèche.

(4) L'Autriche, en envahissant la Bourgogne, venait au secours du duc de Lorraine auquel Louis XIII avait déclaré la guerre pour le punir de ses menées dans la révolte de Gaston. Telle fut la cause de cette campagne qui dura dix jours et laissa de Champlitte à la Saône, dans tous les villages qui nous environnent, des traces de sang et de feu qu'on ne retrouve qu'à l'époque reculée de l'invasion des Barbares au temps de la décadence de l'Empire romain. Les États de Bourgogne voulurent, dix ans plus tard, faire visiter par commissaire les communes ravagées; mais ils n'y trouvèrent que la cendre, des ruines et quelques rares habitants, vivant dans des huttes derrière des murailles noircies au milieu de terres en friches. (Voir aux Archives départementales la recherche des feux de 1644 et 1645.)

parts (1), fit raser ses faubourgs, congédia les bouches
inutiles et échappa, par son attitude guerrière, au pillage
et à la mort. Un prince, digne de la reconnaissance publique, Condé, gouverneur de la Province, vint seul, malgré les distances, s'enfermer dans ses murailles, au milieu
de la peste qui les désolait, partageant avec les habitants tous les périls, ordonnant toutes les précautions,
et communiquant à chacun cette ardeur belliqueuse
dont la Chambre de Ville donna les premiers exemples
et qui firent qu'une armée de cent mille hommes de
troupes aguerries, traînant à sa suite plus de cent
pièces de canon, n'osa rien entreprendre de sérieux
contre une ville réduite à sa simple milice, et se contenta
de brûler nos villages (2) dont on voyait l'incendie

---

(1) En faisant travailler aux fortifications tout le monde,
femmes, enfants et vieillards, lesquels, porte une délibération du
25 octobre 1635, furent tenus sans distinction de se trouver en
personne à l'Hôtel-de-Ville avec pelles, pioches et autres instruments. (R. 1635.) Situation des plus périlleuses que le com-
mentateur de Lamarre résume en ces termes : « *Sed plus in
Condeo valuit publicæ salutis cura quam suæ, qui attonitos
civium animos præsentiá suá erexit et ad toleranda belli incom-
moda, fecit alacriores, recreata certè plurimum illius adventu
civitas quæ non modo sibi a Cæsareis timebat, sed etiam ab gen-
te omnium rapacissimá Suecicis qui amicorum specie nos velut
hostes habebant.* » On regrette de trouver au même registre
jusqu'à deux lettres du roi qui prescrit, mais en vain, au Parlement de contribuer à ces défenses, ce qui excita la colère du
prince de Condé dans l'allocution sévère que nous avons rappor-
tée au commencement de cet ouvrage.

(2) Parmi lesquels Vesvrottes, Taniot, Bèze, Maxilly,
Vonges, Lamarche, Pontailler, Longecourt, Cessey, Genlis, Ge-
meaux, Brazey, Spoix, Is-sur-Tille, Selongey, Beire, Pluvaut,

sur un rayon de près de vingt lieues du haut de la tour
Ducale qui éclairait cet affreux spectacle. Ainsi, cette
fois encore, la Bourgogne, presque abandonnée par
la Cour qui en avait retiré les garnisons, puisa dans
l'exemple de sa capitale, et celle-ci dans ses institutions
militaires, la gloire de sa délivrance.

Mais ici, chose difficile à croire, et comme par une
sanglante ironie, dans ces temps de calamités publiques
où tous les maux semblèrent fondre à la fois, les dé-
sastres d'un ennemi barbare ne surpassèrent guères,
en résultat, l'indiscipline de ces bandes auxiliaires, Sué-
dois et Allemands qui, sous les ordres de la Valette et
du duc de Weimar, vinrent, sous prétexte de les défendre, égorger jusqu'à ces portes des habitants paisibles,
des femmes sans défense, des enfants au berceau, des
prêtres à l'autel, pillant et brûlant toutes choses (1),
ce qui fit que malgré la défense du Parlement *de mé-*

Viévigne, Arceau, Rouvres, dont le vieux château fut renversé
à coups de canon, Chevigny, Dampierre, Noiron, Drambon,
Oisilly, Beaumont, Fontaine-Française, Talmay, Pouilly et
Saint-Seine-sur-Vingeanne, Licey, Saint-Léger de Blagny,
Champagne, Bezouotte, Charme, Renève, Cheuge, Savolle,
Jancigny, Heuilley, Bellefond, Norges, Lux, Mirebeau, Au-
villars, Verdun, Binges, Bressey, Poncey-lès-Maillys, Charrey,
Esbarres, Magny, Trochère, Pontoux, Charnay, Navilly, Ciel,
Verjux, Chauvort, Bragny, Chaussin, Frontenard, etc. Cîteaux
et son abbaye furent aussi pillés par les Impériaux, qui profa-
nèrent la sépulture des ducs de la première race inhumés dans
l'église de ce lieu. *Arma, cruor, cædes, incendia, totaque
bella.* (Térence.)

(1) Voir le registre municipal du 21 octobre 1636, ensemble
la note précédente extraite du commentaire latin de Delamarre.

4

faire contre ces farouches alliés, il fallut les combattre ou s'en garantir comme on l'aurait fait de l'ennemi lui-même qu'elles ne purent ou n'osèrent attaquer. Cette province ayant, comme je l'ai dit plus haut, à la honte de **Richelieu** qui l'abandonna et de la **Valette** qui lui refusa tout secours (1), résisté seule à tant de forces réunies, ce qui lui mérita cette légende inscrite au revers d'une médaille antique que les États firent frapper plus tard à sa gloire, *una fugatis hostibus insignis.*

Ainsi et en fut-il encore de ces Reitres ou Lansquenets, à la renommée terrible comme aux formes redoutables, qui, pendant nos guerres de religion, s'étaient précipités deux fois en Bourgogne sous la conduite du prince des Deux Ponts (2), à l'appel de Français protestants, campèrent en dernier lieu devant cette ville qu'ils ne purent forcer et allèrent cacher leur affront en s'emparant de Nuits qu'ils pillèrent pendant trois jours comme ils l'auraient fait de Dijon lui-même, moins brave et moins bien défendu par ce même Charny dont nous parlerons plus tard, et qui déjà l'a sauvé des massacres dont la Saint-Barthelemy a conservé le nom.

Enfin, et pour compléter ce tableau, dans un temps plus éloigné et non moins malheureux, quand nos campagnes émues avaient vu, sous les ducs de la seconde race,

---

(1) Registres des 24, 25, 26, 27, 28 et 30 octobre 1636.

(2) D'abord en 1568, à la tête d'un corps français et de quinze mille Reitres et Lansquenets qui furent battus plus tard à Jarnac et à Montcontour, après avoir désolé la province dans laquelle ils laissèrent des traces affreuses de leur passage (Registre de cette époque); puis en 1577, où il occupa Messigny et les villages les plus voisins, à la tête d'une armée qui y commit de grands ravages (Ibidem.)

leurs habitants égorgés et leurs maisons détruites par ces bandes qui portèrent la désolation partout, les *Écorcheurs* qui avaient battu les troupes du roi commandées par Jean de Bourbon, saccagé les pays d'alentour et forcèrent plus tard Duguesclin lui-même à capituler avec eux, n'entrèrent point à Dijon et s'arrêtèrent devant ces murailles au retentissement du beffroy (1) mêlé au cri de nos sentinelles. La vigilance du Maire avait pourvu à la défense commune en appelant chaque habitant sous les armes, celui-ci sous son dizenier, celui-là sous son capitaine de paroisse; tous attendant l'ennemi sans forfanterie comme sans faiblesse partout où on s'attendait à le voir ou à en être surpris. Avec une milice belliqueuse et toujours prête, la ville avait ses tours, ses fossés, ses remparts, des commandants instruits, des chaînes dans les rues, des magasins bien approvisionnés et une artillerie nombreuse. Ce fut à ces précautions multipliées non moins qu'au courage de ses citoyens qu'elle dut d'être préservée des horreurs que j'ai dites et qui signalèrent dans tout le reste de la province le passage de ces Vandales que l'on retrouve vingt fois à ces portes dans l'histoire approfondie de nos annales (2).

---

(1) La guette de Notre-Dame, placée au sommet du clocher de cette église, joua un rôle important dans les invasions comme dans les troubles de la province; c'était de là qu'un préposé de la ville, appelé le *guetteur*, veillait jour et nuit pour avertir les habitants du péril éminent par le tintement de la grosse cloche.

(2) Les registres font plus particulièrement mention de leur présence en 1437, puis en 1440, où la ville contribua pour 400 saluts à leur départ, et enfin pour la dernière fois en 1445.

Le 28 mars 1440, treize de ces misérables, surpris dans une habitation du faubourg d'Ouche, furent noyés dans la rivière, après une sentence de la ville.

Mais le patriotisme de la cité ne s'en tint pas à ces résistances. Non moins fidèle au prince contre les factions du dedans qu'elle s'était montrée constante contre les dangers du dehors, on vit la Chambre de ville s'armer, pour conserver la paix publique, d'une sollicitude égale à son courage. Ni les influences de Condé sur la Fronde dans une ville, ancienne Capitale de son gouvernement, ni les appuis que celui-ci trouva plus tard dans le Parlement lui-même, ne purent rien sur des ames éprouvées par le devoir. Seul contre tous alors, le maire Millotet lutta contre les événements et parvint à s'en rendre maître au risque de voir incendier la ville par le feu du château qui, sur la fin des troubles et durant un mois entier, la couvrit de cendres et de ruines.

L'histoire de la ville pendant cette période mémorable est, par le caractère des personnages non moins que par la succession des événements, l'épisode le plus curieux de nos annales, où l'intrigue eut non moins de part que la force déclarée, et l'esprit de suite le disputa au courage lui-même en expédients comme en résolutions. Le maire Millotet que j'ai nommé et le premier président Bouchu furent les deux grandes figures de cette époque qui mériterait une description à part et à côté desquels vinrent se ranger ce que la Cour comptait alors d'amis fidèles et les princes d'ambitieux et de mécontents et parmi eux, comme je l'ai dit, le Parlement lui-même, toujours prêt à tout entreprendre quand il y entrevit sa puissance ou son intérêt.

Tout près de ces personnages et du côté des princes on vit figurer bien d'autres noms encore : le procureur général Lenet, l'intendant Machaut et le comte de Tavannes un des hommes les plus considérables de la province et dont le frère resté fidèle au roi livra, en

1650, à Arc-sur-Tille un combat personnel à son propre frère commandant les troupes de Condé. C'était plus qu'il ne fallait pour donner de la consistance à un parti qui comptait à sa tête le vainqueur de Rocroy et trouvait une sorte d'excuse dans les mesures acerbes dont celui-ci avait été l'objet (1). Mais la ville avait compris d'abord qu'il n'y avait rien à gagner pour elle dans ces querelles de la Cour ; que les princes sont ingrats et la fortune infidèle et changeante comme eux. Le Parlement d'ailleurs s'était secrètement déclaré et la raison des contrastes ne fut pas, si je ne me trompe, le moindre motif qui décida la résolution qui fut prise et dans laquelle la prévoyance était ici d'accord avec les plus anciennes traditions de fidélité.

Ce ne fut pas du reste une des choses les moins étranges de ce drame municipal que de voir un membre de ce même parlement gouverner la ville et commander les habitants, en lutte avec la volonté de sa Compagnie. Millotet tout ensemble maire et avocat général fit respecter son caractère au milieu de la situation la plus difficile. Fidèle au roi au sein d'une assemblée rebelle et l'élu chéri du peuple dans les comices publics, il se montra ferme contre les persécutions de ses collègues en même temps qu'il opposait un front sévère aux orages de la multitude qui l'avait élevé ; montrant,

---

(1) Parmi lesquelles fut celle de son arrestation à Vincennes, bien qu'il n'eût pris ni lui, ni la Bourgogne dont il était gouverneur, aucune part aux premiers troubles de la Fronde, ce qui n'empêcha pas le cardinal de faire nommer à sa place le duc de Vendôme, que le premier président Bouchu fit, à force d'intrigues, remplacer plus tard par le duc d'Epernon jusqu'au retour de Condé lui-même à Dijon après la paix des Pyrénées.

— 54 —

au milieu des épreuves de tout genre, ce que peut
l'homme de bien qui unit le courage à la constance et
le devoir accompli à l'abnégation de lui-même.

Tel fut, dans ce portrait fidèle, le grand citoyen que
suscitèrent dans ces murs les événements de cette époque, en face d'un premier président et d'un procureur
général (1) ses ennemis déclarés et, ce qu'il ne faut pas
perdre de vue, les chefs de son propre corps. Les ravages
que fit, comme je l'ai dit, le canon du château occupé
par une garnison dévouée à la fortune du prince (2)
et qui tira jour et nuit sur les habitations bombes
et caronades, prouvent à quel degré de misère cette
ville était descendue et avec quelle impatience elle
devait attendre l'approche de sa délivrance. La guerre
de la Fronde était terminée partout, que ce château
tenait encore, comme il avait résisté déjà, après ces
défaites de la Ligue dont nous parlerons plus tard, et il
ne fallut pas moins, pour le forcer, que l'arrivée de
régiments de Navarre et de Bourgogne qui en firent
en novembre 1651 le siège en règle et le battirent de
deux côtés en brèche jusqu'à ce qu'une mine pratiquée
au pied d'une de ses tours eut amené pour la poignée
de braves qui le défendait, une capitulation qui fut
signée le huit décembre après plus d'un mois d'entre-
prise.

Peu auparavant déjà un prince turbulent et rebelle
avait deux fois, à la tête d'une armée nombreuse, tra-

_____

(1) De Guillon qui avait succédé à Lenet, démissionnaire.
(2) Sous les ordres de Laplanchette, qui avait remplacé Bus-
sière et Comeau, commandants par semestre de cette forteresse, lors des premiers troubles de la Fronde, et dont la politique était plus douteuse.

versé la province et planté ses étendards jusqu'aux
portes de Dijon (1). La ville, inébranlable dans sa
fidélité, refusa, en présence de quatre mille habitants
sous les armes, de lire la sommation que Gaston lui
avait envoyée (2), congédia ses parlementaires et fit
tirer le canon sur son arrière-garde (3). Mais ce ne fut
pas sans que le Parlement n'eût engagé avec la Chambre de ville, une de ces luttes si communes alors au
sujet des préférences des commandements, au point que
l'on avait vu deux membres de ce Corps (4) prêts à en
venir aux prises avec un capitaine de la milice bourgeoise dont ils voulaient usurper la charge, ce qui
motiva les plaintes que la ville s'empressa de porter plus
tard à Richelieu et au roi lui-même contre des persécutions qui n'avaient plus de bornes et qui joignaient
ici le ridicule à l'injustice.

Du reste, ce dévouement d'une simple cité devait
d'autant mieux surprendre que Louis XIII venait de la
traiter en rebelle à l'occasion d'une émeute qu'il n'avait
pu dépendre de ses magistrats d'empêcher et dans laquelle son maire, Benigne Euvrard, avait en particulier, disent les délibérations du temps, couru *fortune* de

---

(1) Armée du prince : La seconde fois, quartier-général à
Ahuy, cavalerie à Pouilly, des troupes au faubourg Saint-Nicolas, où quelques hommes ayant mis le feu à plusieurs maisons, les habitants ripostèrent à coups de fusil. (Registre de
1631.)

(2) 18 juin 1632.

(3) Registre de juin de la même année.

(4) MM. Maillard et Berbis. (Registres de la ville et du
Parlement.)

sa vie (1). Peu s'en était fallu, comme on va le voir, que nos libertés n'y succombassent, et c'est, à coup sûr, dans la période que nous parcourons, le plus grand danger qu'elles aient jamais couru et qui fût demeuré leur tombeau sans l'influence de son gouverneur, le duc de Bellegarde, qui commandait la province alors.

L'édit de 1630, nommé *des élections*, dont le but était d'établir un impôt sur les boissons, avait, comme le portent les registres du temps, excité parmi les vignerons de la commune (2) une émotion si considérable que ceux-ci, après s'être répandus dans la ville, en armes, avaient pillé et brûlé sept maisons, poursuivi de cris de mort le maire et le premier président et insulté gravement une députation du Parlement lui-même, ce qui fit que, pour mettre un terme à ces désordres, une poignée de bons citoyens s'étaient vus contraints d'attaquer et disperser à coups de feu une troupe audacieuse dont les prétentions devenaient sans bornes et dont plusieurs furent tués sur place (3).

Mais cette répression tardive, à défaut de la milice locale, qui ne se montra qu'en petit nombre, n'avait pas satisfait la Cour. C'était une grande affaire alors qu'un tel événement mu, comme on l'en soupçonna, par les intrigues du duc d'Orléans, où le portrait du roi

---

(1) 27 février 1630. — Voir registre municipal du lendemain 28.

(2) Classe importante alors, et dont les préférences influèrent le plus souvent sur l'élection des mayeurs; leur quartier-principal était rue Saint-Philibert, où l'émeute alla se réfugier, et fut définitivement vaincue.

(3) Derrière Saint-Etienne, rue du Grand-Potet, aujourd'hui rue Buffon.

avait été traîné dans les rues et le cri de : *Vive l'Empe-*
reur proféré tout exprès dans une ville frontière pour ex-
primer des préférences politiques : aussi le châtiment ne
se fit-il pas attendre ; les remparts désarmés, les libertés suspendues, les vignerons chassés de la ville, furent
les mesures qui précédèrent l'entrée de Louis XIII à Dijon, où il voulut recevoir en son logis les supplications de
cent cinquante habitants, à genoux, venus pour implorer
leur pardon et auquel il ne l'eût pas accordé peut-être
sans le courage et le patriotisme de l'avocat Fevret,
chargé de le haranguer pour eux. Mais ce ne sera que
plus d'une année après que le roi remettra à la ville les
priviléges dont il l'avait privée d'abord et pour la resti-
tution desquels l'attitude vigoureuse des habitants contre les tentatives de Gaston n'aura pas été sans influence (1). Dans cet acte de vertu civique où la sup-
plication n'ôta rien au caractère, ni l'assurance au res-

(1) Parmi les conditions qui furent imposées à cette grâce on
remarque l'obligation pour la ville de désintéresser les personnes
qui, par son fait, avaient éprouvé des dommages, ce qui était
proclamer d'avance la règle de la responsabilité des communes, qui est devenue depuis, pour les temps de troubles, un
des grands principes de la législation. (Registre du 28 avril
1630.)

Ce fut à cette époque encore que fut supprimée la *Mère-Folle,*
société de moqueurs fort ancienne à Dijon et qui, dans une ville
pétillante de malice et de verve, avait fait un monstrueux abus
de l'épigramme. Elle voulut se relever plus tard ; mais une ordonnance de police du 1er juin 1677 la supprima pour jamais.
Elle avait pris pour légende cette épigraphe : *Numerus stultorum*
infinitus, et joignit le plus souvent les travestissements à la satire.
Il en existe une histoire entière déposée à la bibliothèque de la
ville.

pect, Fevret resta ferme et pathétique à la fois en face du prince et de la faute, n'acceptant rien pour lui des offres d'une Cour qu'il avait étonnée, après avoir tout demandé pour d'autres, au-delà même de ce que réclamait la pitié, et obtenu par là, d'un pouvoir irrité, une miséricorde inattendue. Triomphe heureux pour le temps dont je parle et qui lui mérita cette devise qui est devenue la sienne et après lui celle de sa famille entière, que *le témoignage de soi-même est le comble d'une bonne action* (1).

La Peste.

Car au milieu de titres plus éclatants les vertus civiles eurent aussi leur part dans les fastes de cette cité à laquelle on peut aussi bien appliquer en courage ces paroles de l'antiquité romaine : *Fuerunt etiam fortitudines domesticæ sicut et militares.* La peste elle-même, comme on l'appelait alors et si l'on doit donner ce nom à des maladies affreuses qui, pendant l'intervalle de deux siècles, décimèrent la population entière, mal qui résume tout en lui seul, puisqu'il abat les plus grands cœurs, excita dans ces murs l'élan de l'héroïsme civique. Quand le Parlement dispersé cherchait dans toute la province un abri contre le fléau, que ces rues étaient désertes, les habitations infectes marquées, les communications interdites, les pauvres entassés l'un sur l'autre dans ces loges improvisées sur l'Ouche, que les besoins du temps avaient fait construire, et que nul n'osait s'aborder ni s'entretenir ; que tout fuyait qui pouvait fuir, nobles, gens de robe et bourgeois, par prudence et par abattement, Dijon vit ses officiers municipaux intrépides comme aux jours des plus grands périls, donner

---

(1) Conscientia virtuti satis amplum theatrum est.

des ordres, fonder des hôpitaux, publier des règlements
sévères, servir et visiter les malades au sein de la mort
et du désespoir. Pendant près de trente années que le
fléau visita nos murailles dans la seule période que nous
parcourons (1) on ne rencontre qu'un seul exemple d'un

---

(1) La plus grande peste de cette période fut celle de 1546
qui sévit ici en même temps qu'une famine horrible qui fit que
la population presque entière fut obligée de se nourrir de glands,
chardons et autres herbages. (Registre 14 octobre 1547.)

Auparavant comme depuis on retrouve les traces de ce fléau :
en 1498, où le corps municipal fait dresser l'état des morts
pour démontrer au Parlement qu'il doit se retirer à Beaune; en
1499 où les processions générales demandées pour remercier
Dieu de la conquête du Milanais, sont, pour cette cause, interdites, et où l'on publie contre les progrès du mal un règlement
sévère qui a été depuis constamment pratiqué. (Voir au registre des 7 et 12 septembre de ladite année.) En 1506 aux Cordeliers; en 1507 et 1508 dans la ville entière où l'ordonnance est
de nouveau mise en vigueur; en 1518, où le Parlement est obligé de se retirer à Beaune et où la ville fait loger les barbiers à la
tour aux Anes, de peur que, donnant leurs soins aux malades,
ils ne communiquent avec les personnes saines; en 1519, où le
Parlement se retire de nouveau à Semur et ensuite à Arnay,
la contagion étant dans les autres villes du duché; en 1521, en
1531, où la violence du mal est telle que la Chambre est obligée
de se réfugier à St.-Appolinaire et de tenir ses séances à Montmusard, le maire lui-même ayant déserté son poste pour se
rendre à la campagne; en 1543, où la ville fait établir des mai-
sonnettes sur l'Ouche pour y recevoir les pestiférés indigents;
en 1544 où l'épidémie devient telle que la plupart des habitants
se retirent aux champs, et que, pour la plus grande terreur, on
élève quatre potences dans les rues pour empêcher les personnes
atteintes de les parcourir, avec menace contre les médecins de la
ville de les en chasser s'ils continuent à refuser leur ministère

magistrat qui ait montré de la faiblesse à côté de tant d'autres qui moururent ignorés pour le salut commun. Les registres de l'Hôtel-de-Ville, ceux de la Chambre

---

sous prétexte de l'indépendance de leur profession ; en 1546 ; en 1554, où ces mêmes médecins convoqués donnent une consultation curieuse qu'on peut voir au registre de cette année ; en 1564 où le mal sévit de plus fort ; en 1567 ; en 1568, où, pour cette cause le Parlement est obligé de suspendre ses audiences jusqu'à Noël ; en 1569, où cette suspension est renouvelée ; en 1574, en 1584, en 1585, en 1597, où les régents sont renvoyés du collége et défense est faite d'aller à l'Ile, où sont les malades, sous peine d'être arquebusé ; en 1606 ; en 1628, où le fléau plus particulièrement exerce ses ravages aux Capucins ; en 1631, où la ville devient comme déserte, et où, pour arracher, disent les registres de cette année, le fléau des mains de Dieu, on renouvelle la procession du vœu de sainte Anne que la ville avait prise pour protectrice, lors de la peste de 1531, et qui fit cesser le mal, suivant la tradition la plus constante ; en 1633, en 1634 et en 1635 enfin, pour la dernière fois.

Depuis cette époque, nos registres cessent de faire mention du fléau, dont la disparution doit être attribuée à l'assainissement de la cité, dans laquelle les fossés furent vidés des eaux qui les remplissaient et dont la pêche avait formé jusqu'alors un des revenus municipaux. Ajoutez à ces causes connues que, dans ces temps si reculés, l'indigence était extrême (a) et l'usage des spiritueux inconnu partout ; que la France était hérissée de forte-

---

(a) Une seule preuve tirée de nos Archives donnera la mesure de la misère publique, quand on saura que jusque sous Louis XIII, et en 1640, la Chambre de ville fut obligée, par crainte de la contagion, de défendre aux habitants de manger du cheval écorché que l'on traînait à la voirie (registre du 10 février de ladite année), comme déjà, bien auparavant, on trouve dans ces mêmes registres la permission accordée à ces habitants, d'utiliser, pour leur nourriture, le sang des animaux tués à l'abattoir.

des Pauvres et du Saint-Esprit, auquel ont été réunis depuis tous les hôpitaux de cette époque, sont remplis de ces souvenirs municipaux, que les bornes de ces esquisses ne permettent que de rappeler, et dont le peuple garda la mémoire, comme il en avait ressenti les consolations. Ce temps fut fertile en misères ; mais il fut, avant tout, celui d'une foi profonde où l'on vit la religion prêter au patriotisme sa force et ses dévouements par l'amour du devoir et des sacrifices.

Les hommes d'où nous vinrent de si grands exemples étaient fiers aussi bien qu'ils étaient généreux ; la liberté les avait élevés, et ils lui restèrent fidèles en défendant sans cesse leurs droits et les libertés. Ni la contrainte ou la menace, ni les caresses ou la faveur, ni la violence même ne purent que rarement arracher d'eux ce qu'ils savaient ne pas devoir légitimement au prince ou à ses officiers, en fait de taxes ou de cotisations pour n'avoir pas été votées par la ville ou dans une assemblée générale des Etats, suivant les constitutions de la province. Et il en fut de même, comme nous

Résistance de la ville dans ses libertés.

---

resses et l'agriculture abandonnée par l'incertitude de la possession et les brigandages qui la désolaient sans cesse. La terre, d'ailleurs, ombragée de forêts immenses, n'offrait que des plantes malfaisantes, des landes stériles et des marais croupissants. Déjà, auparavant l'époque dont nous parlons, il y avait eu, au dixième siècle seulement, dix famines et treize pestes : la seule disette arrivée en 1030 en Bourgogne dura trois ans et fit que l'on vendit dans un marché de la province de la chair humaine, pendant qu'un aubergiste massacrait ses hôtes pour s'en préparer un repas. Ce fut dans ce temps qu'à Dijon le célèbre abbé Guillaume distribua au peuple malheureux tout l'or des églises, et fit admirer sa charité.

allons les rassembler ici, d'autres cas où le gouvernement des ducs et après eux celui des rois qui leur avaient succédé essayèrent de reprendre les concessions dont nous avons parlé, et qui fondèrent dans le choix de certains officiers un des plus importants priviléges municipaux (1).

C'est ainsi, et en remontant aux premiers temps de la commune, qu'après la mort de Philippe-le-Hardi la ville refuse de reconnaître un capitaine étranger que la duchesse douairière a nommé, malgré ses remontrances, et délibère pour cette cause qu'elle ne le paiera pas (2). Le duc Jean-sans-Peur demande-t-il aux habitants le paiement d'un subside de six mille livres pour ses propres affaires? la ville répond qu'elle n'en peut donner que mille, et tient ferme dans sa résistance, malgré la menace du duc de faire lever cette somme par ses officiers (3). Vainement plus tard encore le maréchal de Bourgogne réclamera-t-il à son tour une part d'argent pour l'aider au siège de Mailly-la-Ville; la commune répond qu'elle est hors d'état de faire des avances, et s'oppose en outre au départ de ses archers sous prétexte qu'ils

(1) Ce fut surtout à chaque renouvellement de règne qu'on tenta d'en agir ainsi, et que la ville, en même temps qu'elle lutta par une attitude sévère pour la garde de ses priviléges, ne craignit pas secrètement de faire distribuer des présents pour en garantir le maintien. Voir notamment à ce sujet une délibération du 2 mai 1498, dans laquelle on lit qu'à l'avénement de Louis XII elle fit acheter trente poinçons du meilleur vin pour être conduit à Paris et distribué à certains seigneurs de la Cour pendant qu'elle députait solennellement au roi le maire et deux échevins choisis à cet effet. (Archives municipales.)

(2) Registre de 1410.

(3) Registre du 28 mai 1415.

sont nécessaires à la garde de la duchesse, aux prières de laquelle elle refuse notamment une somme de trois cents livres que celle-ci n'a pas craint de faire demander pour ses premières couches (1). Enfin le duc Philippe-le-Bon ne sera pas plus heureux lui-même quand il réclamera le paiement d'une somme de huit mille livres dues, suivant lui, par la ville à son père; le maire osera répondre que cette dette est prescrite, que le duc Jean ne l'a jamais réclamée de son vivant, et que s'il ne veut s'en départir on aura recours au Parlement du pays (2). Résistances aussi nobles que réfléchies qui ne firent jamais d'ailleurs, ainsi que l'attestent nos annales, que même dans les revers Dijon marchanda la gloire à ses princes : témoin, parmi plusieurs autres, l'exemple de Jean-sans-Peur, alors comte de Nevers, qui, resté sur la fin du xive siècle prisonnier de Bajazet dans la sanglante bataille de Nicopolis, vit sa rançon, quoique énorme, rachetée par les Etats et les habitants réunis, lesquels se portèrent à sa rencontre jusqu'à Gray pour célébrer par le triomphe le retour d'un brave qui dans un combat de géant avait immortalisé son nom (3).

Mais de plus la vigilance que la ville exerce contre les taxes arbitraires elle la maintient pour faire respecter sa justice, et j'en citerai parmi plusieurs autres un trait des plus mémorables et des moins connus. Jean de Beaufremont, un des plus grands seigneurs de ces temps, cousin d'un de nos ducs et compagnon de leur gloire militaire, s'était en 1455 permis en plein jour

---

(1) Registre du 17 novembre 1433.
(2) *Idem* du 15 mars 1443.
(3) Fixée à 200,000 ducats d'or. (Registre de 1399.)

de violer le droit d'asile des Jacobins, en faisant arrêter chez eux un charlatan de Valence, nommé d'Estaing, qu'il avait conduit à Mirebeau après l'avoir, brisé de coups, fait attacher par les pieds sous le ventre d'un cheval. La Chambre de ville indignée peut-être moins de ces violences en elles-mêmes que de l'usurpation sur sa propre justice, s'en plaignit au duc Philippe-le-Bon alors en Hollande, et obtint de ce prince équitable la réparation que je vais dire, et dont les registre font foi la plus complète (1). Jean de Beaufremont sommé par le prince d'abord, puis menacé sur son refus de voir confisquer sa terre de Mirebeau par des brandons déjà posés sur ses créneaux, se constitua, de son plein gré, au château de Talant où il gardera longtemps prison, et les serviteurs qui l'avaient assisté, arrêtés et faits prisonniers eux-mêmes, furent très-heureux d'en être quittes pour une forte somme d'argent, outre l'amende honorable qu'ils furent obligés de faire en chemise, de Talant, où ils étaient détenus, à la porte Guillaume, criant *merci* à Dieu, au duc et à la justice de la ville, quand le procureur syndic avait conclu de plus à ce qu'ils eussent chacun le poing coupé, chose qu'il n'est pas sûr encore qui n'ait pas été accomplie.

Déjà quarante années plus tôt, et sous le règne de Jean-sans-Peur, la ville s'était vu contester parmi ces mêmes droits de justice ceux de connaître de certains crimes, comme ceux du meurtre et du *feu bonté*. Les officiers du duc, en accédant aux réclamations de la Chambre, tentèrent, mais vainement, d'y mettre des entraves ; sur la convocation du peuple dans ses comices et un appel au Parlement, le prince lui-même mit un

---

(1) Registres de 1455 et suivants.

terme au litige, en ordonnant que la ville jouirait
comme par le passé de tous ses priviléges acquis (1).

Mais parmi les plus précieux de ceux-ci, celui qu'eut
en tout temps Dijon d'être exemptée de garnison, et
que ses chartes les plus anciennes lui accordaient ex-
pressément, ne se comprendrait guère de nos jours si
nous ne savions que l'armée, s'il était permis de donner
alors ce nom à des aventuriers sans discipline, était
considérée comme un fléau par la dévastation de gens
de guerre dont l'avidité égalait partout l'insolence, ce
qui explique pourquoi l'on voit la Chambre, au sein
des plus grands dangers, refuser toute assistance sem-
blable, et menacer jusque sous la ligue M. de Mayenne
lui-même d'une résistance désespérée le jour où il
voudrait en ordonner l'accès par sa seule puissance (2);

---

(1) Registres de 1415.

Ceux de 1423 font encore foi d'un procès considérable que la
ville fut obligée de soutenir à Paris contre le même duc, et pour
la suite duquel elle y entretint des commissaires à ses frais.
(Majorat d'Etienne Chambellan.)

(2) Registre du 29 mars 1585, où l'on voit que, vu l'importance de la matière, la Chambre s'était adjointe des députations
du Parlement, de la Chambre des comptes, du bailliage et des
officiers du roi, lesquels refusèrent tout d'une voix d'accéder à
la demande du gouverneur qui n'en insista pas moins, et auquel on répondit par un nouveau refus dans une autre assemblée
tenue le 9 avril suivant. (Registre dudit mois.)

Voir encore une autre délibération du mois de mai 1595
dans laquelle on lit qu'après que M. de Mayenne a fait entrer trois
cents hommes de garnison dans la ville, malgré les protestations de la Chambre, celle-ci répond que les habitants sont dis-

5

la ville ayant, comme nous l'avons dit plus haut, prouvé par son courage et ses sacrifices qu'elle pouvait en toute occasion suffire à sa défense. Le Parlement lui-même, malgré ses rivalités habituelles avec la magistrature municipale, combattit pour cet important privilége auquel des commissaires envoyés par la Cour furent plusieurs fois obligés de rendre hommage, et qui ne fut méconnu que plus tard vers la fin du XVIIᵉ siècle, quand après une révolution d'ailleurs complète dans les mœurs militaires aucune des libertés de la commune n'était restée sans atteinte (1).

Enfin il n'est pas jusqu'aux officiers du roi qui ne furent les premiers châtiés de leurs insolences quand ils osèrent s'en permettre à leur tour. C'est ainsi que parmi plusieurs exemples de ce genre on voit au registre de 1500 Rémond Pacote, prévôt à Dijon, venir au conseil où, à genoux, tête nue et la robe *dessainctée,* il demande pardon à Messieurs des paroles injurieuses qu'il a proférées contre la ville, pourquoi celle-ci lui pardonne à cette condition.

Mais parmi tous ces traits de caractère dont j'ai cité les plus saillants, il arriva aussi à la Chambre d'entreprendre parfois contre les droits du prince en usurpant son autorité légitime, comme on le vit

posés à mourir plutôt que de souffrir l'insolence des gens de guerre qui sont la ruine et la désolation des villes.

Enfin une autre du 20 mars 1637, où le mayeur obtient du prince de Condé que le régiment de Normandie ne tiendra pas garnison à Dijon, pourvu, comme l'avait exigé le gouverneur, que ledit maire et les échevins en personne promettent d'exécuter ses ordres au péril de la vie des habitants.

(1) Registre du 12 mai 1594.

en 1386 où le mayeur dispensa certaines personnes des charges publiques, accorda des sauvegardes générales et refusa de rendre compte des taxes perçues. Tous ces actes réunis à d'autres non moins sérieux avaient excité le mécontentement du duc qui, bien qu'il eût pu se faire justice à lui-même, avait par un grand exemple de modération saisi le Parlement de ses griefs et consenti en fin de cause, sur les prières de la ville assemblée, un arrangement (1) tout favorable à celle-ci qui fut très-heureuse d'en être quitte pour quelques réparations civiles quand le procureur du duc avait conclu contre elle, outre des amendes excessives, à sa dissolution comme commune et au retrait de la justice qui formait son premier privilége, duquel émanaient tous les autres. Philippe-le-Hardi régnait alors, prince débonnaire non moins que brave, et dont Philippe-le-Bon, l'un de ses successeurs, ne crut pas pouvoir imiter l'exemple quand, à côté des mêmes actes qui se renouvelèrent en 1427, il retira cette justice à la ville dont le maire avait de plus laissé insulter ses officiers et fait briser ses armoiries (2).

Au milieu de ces excès d'indépendance assez rares, l'Église elle-même, toute-puissante qu'elle fût alors, n'en imposa pas davantage à la Chambre lorsqu'il s'agit de faire observer par elle l'ordre dans la cité et l'égalité dans la distribution des charges publiques. L'abbé de St.-Étienne, chef d'une maison célèbre qui battait monnaie au moyen âge, et qui réunissait dans la ville, à côté d'immenses priviléges, celui du gouvernement de

---

(1) Voir aux preuves justificatives Dom Plancher, tom. III, n° CIII.

(2) *Idem,* tom. IV, n° LXII.

cinq paroisses, s'était permis, oublieux de sa dignité, de se déguiser en public et d'y commettre, comme le rapportent les minutes, plusieurs insolences. Le maire qui avait la police l'avertit qu'il le châtierait s'il le rencontrait jamais en cet état, et l'abbé ne se le fit pas dire davantage (1). Les Chartreux, seigneurs de leur enclos, où ils exerçaient la justice, s'obstinaient à fermer leur porte d'en bas aux habitants de la porte d'Ouche qui voulaient venir aux offices; la ville les fit prévenir que, s'ils ne l'ouvraient pas sur-le-champ on leur fermerait la porte d'Ouche à eux-mêmes, et, par-dessus, l'accès du marché dont ils accaparaient les plus beaux poissons (2). Les Oratoriens qui avaient refusé de monter la garde, quand tout le clergé et le Parlement entier concouraient à cette obligation commune, se virent condamnés à de fortes amendes; et le duc de Bourgogne lui-même, pour avoir voulu dispenser son palais des charges municipales, s'entendit en 1460 aussi bien menacé d'un procès qu'il n'évita qu'en se soumettant sans bruit à ces remontrances légitimes (3). Plus tard enfin la Chambre de ville refusa nettement à Anne d'Autriche, alors à Dijon, de céder aux Chartreux dont nous avons parlé une portion de l'*Etang-l'Abbé* dans leur enclos, par le motif unique qu'il ne lui appartenait pas d'aliéner les biens communaux sans l'aveu des habitants assemblés, raison légale dont cette reine impérieuse fut obligée de se contenter (4). Ce langage habituel non moins ferme que juste était digne en cela des mêmes hommes qui, lors du traité de

(1) Registre du 19 mai 1502.
(2) *Idem*, du 31 juillet 1609.
(3) Registre municipal de 1608.
(4) Registre *idem*, 22 et 23 avril 1669.

Madrid, ainsi que l'attestent nos annales, refusèrent encore avec les Etats du pays de ratifier le démembrement de la Bourgogne arraché par la violence
à la faiblesse d'un roi prisonnier, résistance dont le
Parlement lui-même sut partager la gloire en s'y asso-
ciant (1), et qui les immortalisa chacun.

-----

(1) Une lacune regrettable dans les actes municipaux de cette
époque n'a pas permis de conserver les noms des députés que la
ville envoya à l'assemblée de Cognac, où fut agitée la question
de ce démembrement juré par François Ier pendant sa captivité
de Madrid. Les annales du temps ne mentionnent que celui du
premier président Patarin (a), l'un d'entre eux surnommé
depuis *le père du peuple* par les Etats du pays. On sait qu'aux
objections tirées de la parole du roi les députés Bourguignons
firent ensemble cette belle réponse que l'antiquité n'eût pas dé-
savouée, et que je transcris ici par honneur :

« Ce serment, sire, est nul, parce qu'il est contraire à celui
que vous avez prêté à votre couronnement ; il est contraire aux
libertés de votre peuple et aux lois fondamentales de la monarchie, et par conséquent de nul effet ; d'ailleurs il a été arraché
par la violence à un roi prisonnier. Si toutefois, sire, vous per-
sistez à rejeter des sujets fidèles, si les Etats du royaume nous
retranchent de leur association, alors c'est à nous-mêmes à disposer de nous ; rendez-nous à notre ancienne liberté, et nous
adopterons telle forme de gouvernement qu'il nous plaira. Nous
déclarons d'avance que nous n'obéirons jamais à des maîtres
qui ne seront pas de notre choix. »

Ce fut, comme on sait, grâce à ce langage énergique, que
la Bourgogne ne cessa pas d'être française.

(a) Qui eut son hôtel rue Charrue, comme la Trémouille avait eu le
sien rue du Petit-Potet. Pourquoi ces rues, au lieu de leurs dénominations
barbares, ne rappelleraient-elles pas le souvenir de deux hommes qui ont
ainsi, chacun par des services différents, sauvé la nationalité de la province, et mérité la reconnaissance publique?

Tous ces actes réunis entre eux dans une longue période de l'histoire municipale vis-à-vis du prince et des Corps les plus importants qui demeurèrent ainsi contraints de supporter les charges publiques à l'égal des derniers citoyens, prouvent d'autant mieux qu'au milieu des distinctions de caste et de rang qui formaient la base alors de la société civile, l'égalité devant la loi, conquête agrandie de la civilisation moderne, n'est pas chose si nouvelle et existait déjà dans cette cité, d'où elle devait pénétrer plus tard dans nos habitudes françaises.

Le Château.

—

Les ducs de la seconde race, à l'exception d'un seul, ne subirent pas sans un dépit marqué ces assimilations au droit commun, et Louis XI, le premier de leurs successeurs, s'il ne put pas retirer la liberté à un peuple qui venait de se donner à lui, chercha bien vite à la contraindre par la fondation du Château dont l'établissement fait en 1478 n'eut pas en réalité d'autre cause. On voit, en effet, par les événements qui s'y sont passés dans une période de quatre siècles, qu'il ne servit, à tout prendre, que de refuge aux mécontents de tous les régimes, de prison aux hommes d'Etat et rarement à de véritables coupables. Nos archives publiques sont pleines des réclamations de la ville contre les insultes de la garnison qui allait jusqu'à dévaliser ou emprisonner les passants, et à blesser des femmes à coups d'arquebuse (1), insultes que les commandants toléraient avec insolence ou qu'ils désavouaient sans répression, comme pour en encourager le retour.

La ville avait acheté peut-être par sa fidélité cons-

_____

(1) Registres municipaux des 16 septembre 1519, 26 mars et 13 mai 1572, 6 août 1577, 1er septembre 1595, 1er mars et 26 juillet suivant, et 5 avril 1632.

tante le droit d'être préservée de ces outrages. La destruction qu'elle demanda plus tard d'un fort qui tenait en bride la justice et la liberté des habitants (1), et que la place de Talant démolie seulement après la Ligue rendait presque sans objet contre le dehors lui fut constamment refusée, bien qu'appuyée cette fois par le Parlement tout entier et solennellement promise par Henri IV lui-même à son entrée à Dijon (2). Ici les hommes de Cour qui gouvernaient alors ne manquèrent pas d'opposer à ces instances l'intérêt de la France dont cette ville était alors frontière ; mais la raison d'Etat dissimulait mal des sentiments moins dignes, et la politique eut moins de part dans ce refus qu'une défiance injuste dont les libertés furent la véritable cause.

Il arriva toutefois, comme on l'a vu, que, suivant les temps et les conjonctures, la ville étendit sur ce fort ses pouvoirs et son autorité. L'arrestation de Fervaque qui en était le gouverneur, en offre un mémorable exemple, et, avec, celui non moins frappant de Laverne lui-même auxquels nous pourrions en ajouter beaucoup d'autres. Mais la position aggressive qu'il prit durant la ligue et la fronde, le siège qui s'ensuivit pendant ces guerres et l'insoumission que sa garnison affecta toujours vis-à-vis de la ville et du Parlement, démontrent mieux encore que ce n'était pas pour la défendre que les rois l'avaient voulu fonder des deniers de cette même cité dont il gêna le plus souvent les droits quand il ne parvint pas à les contraindre (3).

_____

(1) Délibération de 1602.

(2) Voir registre dudit jour 18 juin 1602, dans lequel cette promesse est rappelée comme ayant été donnée par écrit.

(3) Cette forteresse commencée sous Louis XI, continuée sous

Toutefois à côté des élans d'indépendance que j'ai rappelés on regrette de rencontrer dans la distribution de
la justice ces rigueurs excessives qui tenaient à l'état
des mœurs au temps dont nous parlons. En parcourant
les livres de la police on est frappé de trouver à chaque
pas la menace du hart ou de la corde comme préliminaire obligé des moindres ordonnances dont cette peine
était le refrain. Ce serait à n'en pas croire ses yeux si,
par un corollaire significatif, on n'avait vu la potence à nos portes, sur les places publiques, le long
des grands chemins et jusqu'au lieu où l'élection du
maire se faisait à la manière accoutumée (1). Cet ap-

Charles VIII et terminée sous Louis XII, avait un pont-levis
du côté de la ville, une porte de secours derrière et quatre
grosses tours à ses angles. Elle servit le plus souvent de prison
d'Etat où furent détenus, outre les personnages dont il sera
parlé dans ces Esquisses, la duchesse du Maine en 1718, le fameux Mirabeau en 1776, qui s'en échappa par la porte de Secours,
le chevalier d'Eon en 1779, et tout-à-fait sur la fin du dernier
siècle, Toussaint Louverture et le général Mack, dont le premier n'y fit qu'une station momentanée, ayant été conduit ensuite
à la citadelle de Besançon.

Dès le 5 juin 1478 Louis XI en avait prescrit la construction
qui fut faite, non sans résistance, aux frais de la commune, attendu, porte la délibération dernière, que la ville est au roi et
que son bon plaisir soit fait. (Voir le registre de cette date.)

(1) Registre du 18 juin 1560 où on lit : « *Election du maire* ;
tous les chefs de maison sont tenus de s'y trouver, avec défense
de faire aucune brigue, monopole ou indécente poursuite, sous
peine d'être pendu et étranglé, à l'effet de quoi sera dressé une
potence double à la porte des Jacobins, lieu accoutumé où se
font les élections. »

Ce réglement sévère que nous citons dès à présent à cause de

pareil de sévérité était dérisoire s'il devait rester sans
résultat, comme, s'il était vrai, il demeurait cruel.
La vérité est qu'il ne servit jamais à rien ; mais c'était
trop déjà d'en avoir prostitué la menace à de simples
infractions qui ne méritaient pas un pareil honneur.

La justice de la ville s'en servit largement, au contraire, pour épouvanter les coupables et punir les
crimes ordinaires. Cette justice était alors ici ce qu'elle
fut en France à cette époque, cruelle, impitoyable et
quelquefois bizarre. Aux délits les plus vulgaires elle
appliquait ces peines ignobles du fouet, de la marque
et de la mutilation que le Christianisme, flambeau de
la civilisation, effaça peu à peu de nos usages. Aux
crimes plus considérables elle réservait la mort, la
torture et tous ces raffinements de barbarie qui, par le
prolongement du trépas, insultaient à la pitié sans profit
pour la répression véritable. Le vol, alors qu'aucune
classification n'existait dans les peines, était puni suivant les caprices du juge, tantôt de la fustigation et du
bannissement, et le plus souvent de la potence ; on était
sans miséricorde pour le vol domestique en particulier,
et l'on vit plus d'une fois le coupable expier son crime
à la porte du maître dont il avait trompé la confiance.
La femme qui avait trahi la foi conjugale et tenu,
comme le disent les minutes du temps, *mauvais gouvernement de sa personne*, était fouettée publiquement,
puis exposée sur un échafaud, ayant sur sa tête une
mitre sur laquelle on lisait : *Adultère*. Les bigames,
après avoir été longtemps attachés au pilori à côté
de nos anciennes halles, demeurèrent transférés plus

---

ce qu'il offre d'inouï fut renouvelé en 1604 avec des arrêts du
Parlement dont il sera parlé plus tard.

tard au Morimont où ils furent mis à mort, ce qui fit
que le pilori ne servant plus à rien fut vendu bien
après au profit de la caisse municipale. Les vagabonds
et les mendiants (1) étaient fustigés autour du puits
de la prison par le bourreau qui recevait pour cet
effet trois blancs, ou bien chassés de la ville quand
on ne les attachait pas à des tombereaux pour nettoyer les immondices. C'était, comme on le voit, faire
bon marché de la dignité humaine, et la justice Tur-
que n'avait rien à nous envier de ses exemples. Le
suicide, chose infâme devant Dieu le dispensateur
de la vie, était traîné sur la claie et pendant par les
pieds au gibet des malfaiteurs. La ville fit à différentes fois brûler des sodomistes (2), chasser et fusti-
ger les sorciers et ceux soupçonnés de maléfices. Nos-
tradamus n'échappa pas lui-même à cette singulière
sollicitude, et le procureur syndic reçut en 1622 l'ordre
de le saisir dans la maison où il avait coutume de s'arrêter ici et de le bannir du pays. Les blasphémateurs
étaient eux-mêmes pourchassés par le bourreau qui
percevait sur eux des droits, comme il en avait sur les

(1) L'oisiveté elle-même fut parfois regardée comme un délit
et punie de la prison. (Voir notamment le registre du 24 janvier 1459.)

On jugera par l'exemple suivant de quelle manière la Chambre
faisait respecter la puissance paternelle. Claude Mathey fils
détenu fut condamné le 8 février 1594 à être mis en jacquette
durant deux jours au pain et à l'eau, et cela fait, à être fouetté
sous la courtine par son père, avec défense de ne plus *gueuser*
désormais. (Registre municipal.)

(2) On trouve au registre du 6 août 1690 la mention d'un
mandat de neuf livres délivré à l'exécuteur de la haute justice
pour le bois qu'il a fourni pour brûler un Gascon condamné
pour ce fait.

ladres mendiants et sur les joueurs trouvés en contra-
vention dans les tavernes, ou sur ceux faisant leurs
ordures au coin des rues (1). La Chambre, en 1458, fit
bouillir dans une chaudière, au Morimont, quatre faux
monnoyeurs qui avaient fabriqué de faux florins, en
même temps qu'elle faisait brûler vifs avec des animaux
leurs complices, ces criminels d'autre sorte que la dé-
cence ne permet pas de nommer. Déjà en 1389 elle avait
condamné un cheval à mourir pour avoir tué son maître,
ce qui n'empêchait pas qu'à côté de cette justice bizarre
elle ne joignit parfois des avertissements sévères et non
moins frappants : Jossequin, fils d'un armurier de cette
ville, devenu favori du duc de Bourgogne, vit sa
maison rasée, avec défense de la rebàtir jamais (2),

---

(1) Voir au registre de 1452 un réglement complet sur ces
droits, parmi lesquels on trouve celui afférant au bourreau de
se faire délivrer dans une proportion déterminée des denrées au
marché, en les touchant seulement de sa baguette.

Les registres font foi d'ailleurs que la ville tint constamment
la main à ce que cet homme ne parût en public autrement qu'en
costume, c'est-à-dire avec une échelle figurée sur l'épaule, et
qui était le signe distinctif de son ministère. (Années 1557 et
suivantes.)

(2) 14 septembre 1420. Registre municipal où on lit ces
mots : « Comme ayant été celui-ci consentant du meurtre de
notre très-redouté seigneur et prince, Monseigneur Jean, duc
de Bourgogne, dernier duc trépassé. »

. Cette maison aujourd'hui le plus bel hôtel de la place St.-Jean,
qui devint celui des princes d'Orange, puis de la famille Fevret,
est le même où naquit le président de Brosses, tout près d'une
autre maison où était né, en 1627, le grand Bossuet, de
Bénigne Bossuet avocat, et de Marguerite Mochet, septième
enfant et cinquième garçon de sa famille qui compta dix frères
et sœurs. (Voir aux registres de l'état civil).

pour avoir trahi son maître à Montereau, et sa mémoire ainsi souillée pour épouvanter les traîtres en souvenir de sa perfidie. Enfin, et pour achever ces exemples, la question du *moine du camp*, infernale découverte qui distendait les muscles du patient au moyen d'un cric dont chaque cran formait l'avance, fut une invention de cette époque, et passa de la justice de la ville à celle du Parlement qui eut le courage de s'en emparer.

Influence de ces mœurs. Dijon pendant la Ligue.

Cette justice excessive qui tenait à la rigueur des temps non moins qu'aux lois, exerça sur la Ligue, par les cruautés du droit commun, une influence pernicieuse à Dijon, la ville la plus exaltée dans l'union catholique, et qui y persévéra davantage (1) ; d'où vient naturellement se placer en ce lieu en présence des mœurs judiciaires au XVIᵉ siècle l'analyse par nous réservée de cette grande épisode de l'histoire locale, mœurs que les événements se chargèrent de réfléchir, mais qu'il fallait auparavant rappeler par la législation qui en était l'ame, et qui les domina le plus.

Ce rapport établi entre les choses et les esprits du temps, disons ici pour être juste, à vue de nos plus authentiques documents municipaux, que si la fidélité de nos pères à la foi ne les excusa pas des violences que je vais rapporter, il faut avant tout en rechercher la cause dans des excès d'un autre ordre dont les Huguenots avaient eux-mêmes donné l'exemple, et qui amenèrent, au lieu d'une défense mesurée, d'inévitables repré-

(1) Tous les habitants furent appelés à la jurer le 5 août 1588. Un feu de joie tiré sur la place St.-Etienne en célébra l'époque. (*Registre municipal.*)

Le Parlement lui-même ne prêta ce serment que le 23 mars suivant, comme on le dira plus au long en parlant de ce Corps.

sailles. La Bourgogne, en effet, entre toutes les provinces, avait eu le plus à souffrir des guerres dont le protestantisme avait été l'occasion ; car c'était sur elle, comme frontière, que s'étaient ruées ces bandes Allemandes dont nous avons parlé plus haut, et qui, sous prétexte de secourir des frères, avaient, d'accord avec eux, ravagé nos campagnes aussi bien que les villes ouvertes. Ces secours étrangers, suivis de tous les malheurs de la guerre, appelèrent le patriotisme au secours des consciences menacées, et firent d'une querelle religieuse une question qui fût restée nationale si les catholiques, de leur côté, par le secours mendié des Espagnols, n'eussent bientôt mérité le même reproche.

C'est à ce point de vue politique qu'il faut envisager les faits dont nos archives offrent l'enchaînement et auxquels nous ajouterons, pour exemples, quelques particularités peu connues et qui méritent d'être surtout rappelées. Ainsi les efforts des protestants, parmi nous, ne s'étaient pas bornés d'abord à obtenir, comme de nos jours, une tolérance qu'ils devaient conquérir à la longue, et les premiers actes de ces dissidents avaient été, comme ailleurs, une agression violente envers la religion romaine, à la place de laquelle ils prétendaient s'établir. C'est dans ce but qu'on les vit à Chalon, où, Montbrun à leur tête, ils étaient entrés par surprise et dont ils seront chassés plus tard par Tavannes (1), piller les

_____

(1) Ce qui lui fit écrire par Catherine de Médicis une lettre curieuse qu'on peut voir au registre du 4 juin 1562, et dans laquelle on lit ces mots : « Je sais comment s'est passé le fait de Chalon d'où se sont retirés ceux qui s'en étaient saisis, de quoi j'ai été très-aise et contente du bon ordre que vous avez donné pour les réduire et de la peur qui les a réduits, ce dont il ne faut pas

églises et les abbayes, profaner les vases sacrés, violer
les sépultures des évêques, s'emparer des plus saintes
reliques , brûler les chroniques ou les cartulaires ,
et détruire à Saint-Marcel le tombeau du roi Gontran, un des plus beaux monuments du moyen âge (1).
Les mêmes excès se produisirent à Autun, Mâcon, Tour-
nus , Beaune, Savigny, Pommard, Meursault, dans
toute la Côte, et principalement en ces murs où, à côté de ces indignités, les provocations ne manquèrent
pas davantage. Ainsi , la rue des Forges, où tonnaient
les prédicants venus d'Allemagne et de Genève au sein
des assemblées du nouveau culte, retentissait du bruit
des armes mêlé aux psaumes de Marot, pendant qu'on
brisait les croix, qu'on pénétrait dans les églises, qu'on
outrageait les magistrats, qu'on parodiait les pratiques
les plus vénérées du sacerdoce (2), au point de baptiser
des chiens dans les rues (3), et de montrer au peuple

perdre le fruit ; désirant que vous ayez pour entendu de l'instruction du roi, Monsieur mon fils et de moi, de faire tout ce que
vous pourrez pour achever de nettoyer tout le pays de Bourgogne de cette vermine de prédicants qui y ont mis la peste, etc.
Priant Dieu, Monsieur de Tavannes, qu'il vous donne ce que
vous désirez. Signé : Catherine. » (Suscripté à M. de Tavannes,
chevalier de l'ordre du roi Monsieur mon fils , et lieutenant-gé-
néral au gouvernement de Bourgogne).

(1) Après qu'auparavant les religieux de cette abbaye se
furent défendus pendant trois semaines contre ces brigandages
et ces profanations. Monastère considérable fondé par Gontran
en 586 , suivant le titre qu'en rapporte St. Julien de Baleure, et
dont le dernier prieur commendataire fut dom J.-B.-L. de La-
cuisine, frère du Bénédictin du même nom , chef de son Ordre
en France au xviiie siècle.

(2) Registre du 12 août 1567.

(3) Registre du 9 mai 1569.

indigné un président des requêtes, **M.** de Vaugrenan, foulant publiquement à ses pieds la sainte hostie dans le petit village de Fixin (1) et jusqu'aux portes d'une cité où, depuis quatorze siècles, la foi chrétienne, scellée par le martyre, s'était conservée sans tache (2). C'était outrager le pays dans ses respects, la famille dans son culte héréditaire, l'Etat lui-même dans ses institutions fondamentales. De là tout ce que nous allons dire, les mesures acerbes, les précautions multiples, la tyrannie raffinée quand elle ne fut pas cruelle, la religion, en un mot, mêlée à la politique et défigurée par les passions humaines qui vinrent ici en aide à la vérité. Le Parlement sévit avec vigueur contre les auteurs de ces profanations, et trois d'entre eux les plus coupables, payèrent de leur tête un crime qu'on n'eût souffert en aucun temps.

Mais les emportements du peuple, comme on le vit alors, ne tardèrent pas à se confondre avec la justice et, par un penchant naturel, la magistrature de cette ville qui tenait sa force de l'élection, loin de s'en préserver en donna les premiers exemples. Ainsi qu'aux plus tristes jours de notre histoire, auxquels ceux-ci semblèrent dès-lors préluder, on rechercha les hérétiques, on encouragea la délation, on visita les domiciles, on dressa des listes de suspects, les maîtres répondant de leurs serviteurs qui parfois les dénonçaient eux-mêmes, on emprisonna tout le monde, les femmes à défaut de leurs maris absents, et comme les prisons ne suffisaient pas, on imagina d'en établir jusque dans les lieux domestiques dans lesquels on vit enfermées tout entières

---

(1) Registre du 6 octobre 1589.
(2) St. Benigne, disciple de St. Polycarpe.

des familles du Parlement lui-même dont plusieurs membres s'étaient déclarés pour la religion nouvelle (1).

La Chambre de ville, qui prescrivait ces choses, demandait de plus au roi de révoquer les grâces aux suspects, et fit publier la défense de semer de mauvais bruits, ou d'altérer le repos public sous peine d'être pendu sans rémission (2), pendant que des prédicateurs insensés, tels que Buffet à Saint-Jean, et le père Christophe à la Sainte-Chapelle excitaient à la haine du roi de Navarre comme au mépris de la justice elle-même dans la personne des membres du Parlement qu'ils ne proposaient rien moins que d'exterminer et qui quoique présents à ces sorties eurent plus d'une fois à les endurer. Circonstance qui prouve à elle seule à quel degré d'abaissement le pouvoir le plus fort de ce temps se trouvait réduit en face des passions qu'un faux zèle avait allumées.

La confiscation des biens suivit bientôt ces premiers excès (3), et la peine de mort prononcée contre des Huguenots endurcis n'épargna pas même, chose inouie, de pauvres artisans, que ne put protéger en cela leur ignorance ou leur obscurité. On voit au registre de 1590 un

------

(1) La ville en se montrant inflexible obéissait aux instructions de M. de Mayenne qui lui faisait recommander *de passer au fil de l'épée tous factieux non affectionnés à la sainte union, et plutôt plus que moins : en sorte qu'il n'en restât que de bien zélés*, comme le disent les registres du temps (1er juin 1590).

(2) Registres des 2 août 1560 et 2 janvier 1589, etc.

(3) Registre du 25 octobre 1589, où on voit que cette confiscation et la vente qui en fut la suite portèrent sur les biens même des *suspects* et des *absents*.

savetier condamné pour ce fait à être brûlé et la ville insister près le Parlement pour faire confirmer la sentence dont la rigueur, dit-elle, est exemplaire; comme elle dénoncera l'année suivante ce Parlement lui-même à M. de Mayenne pour les retards qu'il apporte à prononcer sur un appel du même genre, dont elle semble redouter ainsi l'examen (1). Puis, passant de l'odieux au ridicule, ladite Chambre faire, en 1567, fermer la boutique des cordonniers protestants pour avoir travaillé le jour de la Saint-Crépin, leur fête patronale (2); plus tard, informer contre le lieutenant de St.-Jean-de-Losne et son greffier qui se sont, le vendredi, fait servir un pâté dans un cabaret de la porte Saint-Pierre (3) ou bien défendre encore aux sujets catholiques de fréquenter ceux de la réforme prétendue (4); tandis que le Parlement, de son côté, interdisait par arrêt à ceux-ci d'assister aux élections du maire, comme à la ville de nommer pour tel d'autres personnes que celles de la religion romaine et qui lui fussent demeurés fidèles, à peine de nullité de l'élection entière (5).

Ces minuties, comme ces rigueurs, révélaient la démence ou l'exaspération des esprits dans la ville la plus dévouée à la Ligue et où ce n'avait pas été trop de l'énergie de M. de Charny (6) soutenu par le président

---

(1) Le nommé Fyon condamné depuis deux ans par elle pour fait d'hérésie, ce qui remplit, dit-on, d'autant plus les prisons. (28 février 1592.)

(2) 28 octobre 1566, Registre municipal.

(3) 20 juillet 1568, *idem*.

(4) 15 juin 1569, Registre *idem*.

(5) Arrêt du Parlement du 19 juin 1569; Registre de ce Corps.

(6) Éléonore Chabot, comte de Charny, grand écuyer, lieu-

Jehannin (1) pour sauver vingt ans plus tôt des massacres ordonnés par la Cour, des malheureux qui lui durent en ce temps-là la vie, comme cette ville lui dut l'honneur d'avoir désobéi elle-même à des prescriptions sanglantes. Car ici nos archives attestèrent, et le moment est venu de le rappeler à tous, que la Saint-Barthélemy n'avait servi de signal qu'à la mort d'un seul homme, le sieur de Traves un des chefs de la religion nouvelle, qui avait été, par ordre de la Cour, passé par les armes dans les fossés du château, le 22 septembre 1572, et que ce fut, grâce aux deux noms que j'ai cités, que la Bourgogne et sa capitale en tête avaient été préservées de plus grandes horreurs qui, quelques mois plus tard, eussent été infailliblement accomplies par l'arrivée de Mayenne, de cette famille des Guise qui ne fut pas sans gloire comme elle fut trop souvent sans pitié. Deux jours à peine l'ordre d'extermination donné, Chabot lui-même, qui, comme on vient de le voir, avait refusé d'obéir, et dont déjà tout présageait la perte, recevait du roi ces mots heureux : *Vous m'avez servi mieux que tout autre ; Dieu vous bénisse et vous en récompense.*

Cette crise, la plus grave que nos pères aient traver-

tenant-général en Bourgogne, l'homme le meilleur et le plus aimé du peuple. Il occupa l'hôtel aujourd'hui remplacé par celui *du Parc*, et qu'habita après lui le duc de Mayenne. (Voir Registre du 20 juillet 1614.)

(1) Alors simple avocat et conseiller du comte. Appelé comme le plus jeune à opiner le premier, il exprima l'avis qu'il fallait obéir lentement aux rois alors qu'ils commandaient dans la colère. On lisait sur la dépêche de la Cour ces mots odieux : *Tous et que pas un n'échappe.* Jehannin la brûla de sa propre main en présence de Charny qui déjà lui-même avait résolu de résister à ces ordres.

sée dans ces temps de troubles, mérite d'être ici rappor-
tée à côté des rigueurs dont je parle et dont la différence
et le caractère tinrent moins aux moyens de chaque
époque qu'à l'influence de ceux qui, tout en observant
leurs devoirs, ne craignirent pas de prendre le parti de
l'humanité. Dijon, qui avait été l'ame de la Ligue par
le gouvernement du prince qui en était le chef, lutta
jusqu'au dernier moment, et quand Paris s'était déjà
rendu, en faveur d'une cause qui, par la conversion du
roi, n'avait plus de prétexte que dans les passions que
la guerre avait allumées. Sérieusement menacée d'a-
bord, elle avait vu durant dix-huit jours le maréchal
d'Aumont et avec lui Tavannes à ses portes, faisant par
leurs troupes ravager les récoltes, attaquer les gens
sans armes, outrager les femmes et les filles, et brûler
les moulins pour affamer la ville, tandis que celle-ci
de son côté avait prescrit de raser Larrey, la Noue,
la Colombière, Contant, Chamaillot, Montmusard et
Pouilly, de peur que l'ennemi ne s'y logeât ; résolution
désespérée, il faut le dire, mais qui ne contribua pas
peu, par son énergie, à déterminer sa retraite, en
laissant quelques jours les habitants respirer et les pré-
serva d'un assaut (1).

Bientôt, du reste, les succès du maréchal de Biron en
Bourgogne, où il avait pénétré avec une nombreuse armée, la désolation des villes et des campagnes, jointe à
la ruine universelle du commerce, l'exemple que venait
de donner la ville de Beaune elle-même, qui avait ou-
vert ses portes à l'armée royale, et peut-être encore

_____

(1) Registres des 2, 8 et 25 octobre 1591. Ce fut dans le
même temps que la ville fit démolir le château de Fontaine,
dans la crainte que l'ennemi ne s'y retranchât. (*Ibidem.*)

l'impossibilité d'une défense sérieuse avaient détruit l'aveuglement du peuple en lui montrant de quel côté était le salut commun. Le maire, comme au jour des plus grands périls, avait convoqué les habitants, dont les délégués, réunis à ceux du Parlement et de la Chambre des Comptes (1), prirent dans la grande salle du Logis-du-Roi, aujourd'hui la salle des Gardes, après deux jours d'une discussion sérieuse, la résolution de se soumettre qui fut exécutée de suite par un traité auquel le maréchal de Biron donna son adhésion à Chamaillot (2), et qu'il fit suivre de son entrée par la porte St.-Pierre, pendant qu'une forte barricade s'élevait au Coin-du-Miroir, et que le château mécontent, qui ne se rendra que le 30, après une brèche et un siège en

---

(1) Il fut triste de voir, en face d'un aussi grand péril, le Parlement soulever comme d'habitude des questions d'étiquette, forçant la Chambre de ville à venir à lui, et refusant de délibérer si elle n'y consentait pas. La Chambre des comptes elle-même imita ce mauvais exemple en protestant sur l'ordre dans lequel ses délégués avaient été appelés à émettre leur avis, ce qui fit que peu s'en fallut que le salut de tous ne fût ici sacrifié à une querelle de préséances.

(2) Les conditions de la ville furent que la religion protestante ne serait point exercée dans le ressort du Parlement; que les ecclésiastiques seraient remis en possession de leurs biens confisqués, et notamment les jésuites en celle de leur collége; que le passé serait amnistié et les arrêts du Parlement, de la Chambre des comptes et des autres juridictions, maintenus avec le nombre de leurs officiers. A quoi le maréchal promit tout accorder, excepté les articles concernant l'édit de 1577 et les jésuites pour lesquels il déclara qu'il s'emploierait plus tard, Dijon seulement et ses environs exceptés des exercices du nouveau culte. (Registre du 27 mai 1595.)

— 85 —

règle, tonnait de toute son artillerie sur cette ville accablée ainsi de toute part, et qui présentait l'ensemble de toutes les misères le 4 juin 1595, jour où Henri IV, y arrivant lui-même, alla rendre grâce à Dieu à la Sainte-Chapelle (1) au milieu des fanfares et du délire universel (2).

Ainsi finit cette guerre si longue où la ville joua un rôle que lui gardera l'histoire, qui se compliqua, parmi d'autres actes, du procès de Laverne et de l'arrestation de Fervaque dont nous avons parlé dans un autre lieu, et qui se fût terminée pour elle par sa destruction totale, si Tavanne et l'italien Francesque qui comman-

(1) Puis dans une procession de la Sainte-Hostie, où il parut accompagné de tous les Corps de magistrature, des maréchaux de Biron et de Brissac, de M. de Tavannes et d'un grand nombre de chevaliers, tenant le connétable de Montmorency par la main et suivi de son chancelier. (Registre du 1er juillet 1595.)

Pendant ce premier séjour dans la ville, le roi entra au château, assista au tir du prix de l'arquebuse, fut présent à l'élection du maire et fit le premier jour à Biron, aux efforts duquel Dijon s'était rendu, l'honneur insigne de partager son lit. Il visita aussi les Chartreux, où de Talant le ligueur Tavanne lui détacha quelques boulets, comme il lui en fut tiré un du château pendant qu'il était en son logis, ce qui brisa l'extrémité orientale de la corniche supérieure de ce palais, et qu'on peut voir encore, bien que la ville ait fait réparer cette brèche il y a peu d'années.

(2) « Le peuple, disent les Registres du temps, étant tellement en allégresse que les rues en sont toutes couvertes, les fenêtres remplies, tous criant à haute voix : *Vive le roi*, et se rencontrent bien heureux, femmes et enfants qui se peuvent approcher de lui et lui baiser les cuisses. » (29 mai 1595.)

daient au château, n'eussent eux-mêmes désabusé les esprits, en les irritant par l'arrestation déloyale de plusieurs habitants (1), non moins que par la menace essayée déjà de brûler et piller la ville *pour y planter les Espagnols.*

Administration civile.

Mais loin de ces malheurs publics, reportons-nous aux temps où, sans blesser la religion par des passions haineuses, le Corps de ville releva la liberté par les soins d'une administration vigilante. La voirie qui assura à la cité l'élégance et la circulation ne fut point inconnue à nos pères, et l'on retrouve dès le xve siècle la preuve que l'édilité publique y appliquait ses soins par l'alignement des maisons, le redressement des rues et un pavage dont les ducs avait fait les premiers frais. L'octroi qui procure à la ville des ressources nécessaires fut fondé en 1425 sous le majorat d'Etienne Chambellan, avec un réglement municipal dont plusieurs articles sont encore pratiqués et peuvent servir de modèle. On trouve dès cette époque et successivement des peines contre les boulangers qui ne *font pas du pain loyal,* une taxe pour les hôtelleries, un bureau établi pour le pesage des denrées, une mesure mère pour les céréales avec injonction aux marchands de racler jusqu'à la barre, puis un moule pour la vente du bois, des seaux et un arrêté pour les incendies, des précautions pour l'éclairage, des tombereaux pour le nettoiement des rues, des défenses contre les chiens vagabonds, un

---

(1) MM. Brulart, fils du premier président, et Morelet, fils du maître des requêtes de ce nom, faits prisonniers pendant qu'ils se promenaient à la porte Guillaume; et, après eux, M. de Berbisey qui avait été envoyé comme négociateur pour les réclamer. (Registre du 27 mai 1595.)

réglement sur l'échenillage, une assignation de quar-
tiers pour les professions répugnantes, ainsi que pour
les cabarets, des commissions nommées pour la vérifi-
cation des chemins, un tarif pour le traitement des
pauvres malades, la distribution dans la ville des mar-
chés publics, et des mercuriales pour les grains voire
même pour les vins de toute classe formant, comme à
présent, un des grands produits de la province. Puis
au fur que la civilisation s'avance, la création d'une
aumône générale fondée en 1711, et qui, en excitant
la charité publique, réglemente la distribution des secours et interdit la mendicité particulière. Enfin, à côté
de ces soins différents, des poursuites incessantes de la
ville pour la création de ce canal de Bourgogne qui ne
sera fini que de nos jours, et dont elle indiquait dès
1585 le but et les niveaux pour les faire adopter plus
tard par Sully, d'accord avec Jean Perrot, mayeur,
auquel elle en avait confié la poursuite, puis après lui,
en 1608, à un autre maire qui, dans un voyage en cour,
obtient, après de longs pourparlers, la permission de ce
travail qui sera entrepris bien loin de là sous la direction de l'ingénieur Bradelery maître des digues du roi,
sur le modèle que nous voyons en vigueur. Déjà, et
en 1602 comme plus tard en 1660, dans un intérêt de
salubrité réfléchi, la ville avait songé à rendre Suzon
pérenne en y amenant l'eau de la fontaine du Rosoir,
laquelle, porte la délibération, est abondante; et l'on
voit que si elle abandonna ce projet, ce fut, dit-on,
comme on pourrait le dire encore, parce que la rivière
*va en anguillades, présente des encavures et coule sur
un sable mouvant.*

La dérivation des eaux vives dans ces belles fontaines
publiques qui font aujourd'hui l'orgueil de la cité par un

travail véritablement romain (1), ne fut point non plus négligé de la Chambre, ainsi qu'on pourrait le croire à tort. Il y a plus de trois cents ans que la place Saint-Michel avait sa fontaine à elle, venant par des corps en bois de Champmaillot (2); puis après pour St.-Nicolas, rue du Champ-de-Mars ou Champ-Damas, celle de Montmusard ou des Lochères dont on l'avait amenée (3), comme plus tard, en 1619 sous les gouverneurs, on établit une autre fontaine sur la place de la Ste.-Chapelle, tirant de même ses eaux de Montmusard; et deux autres enfin aux places St.-Georges et des Cordeliers qui était alors, cette dernière, celle d'un marché public. Ces fontaines différentes communiquaient entre elles par des travaux souterrains. Mais des constructions imparfaites et les connaissances encore ignorées de l'hydrolique firent qu'il fallut bientôt les démolir, à commencer par celle des Cordeliers dont les matériaux servirent à orner la fontaine de Notre-Dame d'Etang; puis après, celle de la Ste.-Chapelle elle-même, sur laquelle on voyait un Hercule en bronze, et qui ne dura guère plus que les premières (4).

---

(1) Dû au génie désintéressé de M. Darcy, et exécuté par lui seul.

(2) Registre du 21 août 1534.

(3) Registres du 25 avril 1543 et 15 mai 1546.

(4) Il n'est pas indigne de l'histoire de mentionner dans une note à part, à cause de la nature du sujet, ce que fit aussi la ville à l'égard des mœurs dans la période que nous parcourons. On s'étonnera que dès le commencement du xv° siècle elle ait entretenu en son nom une maison publique dite celle *des fillettes communes,* dont l'amodiation était adjugée chaque année à un fermier qui finit par être le bourreau lui-même, qui cumulait ainsi deux fonctions. On trouve au Registre de la ville de 1425 un réglement sévère à ce sujet, et par lequel chacune de ces

Ajoutons ici que la liberté civile dont cette Chambre était l'unique interprète alors ne fut pas oubliée davantage : car dès 1617 elle demandait pour elle au roi l'abolition des maîtrises, dépassant ainsi de deux siècles une pensée profonde qu'une révolution générale pouvait seule accomplir; après que, dans d'autres circonstances, elle avait, malgré la pente des esprits et du temps, résisté de tout son pouvoir à la création de trop nombreux couvents qui, en multipliant les main-mortes, exagérait sans mesure les abus déjà très-considérables de la vie cénobitique (1). De même que, par un intelligent contraste et dans un autre ordre d'idées, elle avait réprimé par un réglement sévère (2) cette manie dès-lors croissante de convertir en vignes ces terres arables qui nous environnent, et que les ducs de la seconde race avaient assujettie les premiers aux règles actuellement écrites pour le défrichement des forêts (3). Comme encore elle pros-

courtisannes était tenue d'habiter cette maison avec un signe qui la distinguait; mais ces précautions ne suffisaient pas toujours : plusieurs fois la ville fit rechercher *les paillardes* et concubines jusque dans les maisons particulières, et finit par autoriser ses sergents à arrêter celles qu'ils rencontreraient en ville, et à s'approprier le tiers en valeur de leurs joyaux (Registre de 1535). Cet état de choses dura longtemps, et jusqu'à la suppression de ces lieux de débauche ordonnée par les Etats généraux d'Orléans.

(1) Délibérations des 17 août 1534 et 15 juillet 1679.

(2) Voir au registre des délibérations des 8 novembre 1487, 22 novembre 1594 et 27 octobre 1672.

(3) En même temps que par une précaution différente elle conjurait par des processions et des prières publiques la disparution des *urebers* (vulgairement dits *écrivains*), insectes per-

crivit plus tard la vente des vins gamais à l'étape,
produit *déloyal,* disent nos plus anciens Registres, et
sous peine de les voir à l'instant confisqués (1); montrant ainsi par la faveur ou le refus, voire même par
quelques préjugés qui nous étonnent à la distance où
nous sommes placés de cette époque, que rien dans tant
d'objets à la fois n'échappait à sa politique des avantages ou des inconvénients de chacun. Enfin, et pour
en finir sur ces détails intérieurs, elle avait dès 1589
sollicité l'érection d'un évêché à la place de l'abbaye
de St.-Benigne et député au pape pour obtenir un établissement si considérable, et qui ne sera accordé que
bien plus tard, à la prière de Condé lui-même, à force de

---

nicieux à la vigne, et contre lesquels on trouve au registre de
1554 une sentence fort curieuse fulminée par Philippe Berbis
au nom de l'évêque de Langres, et dans laquelle on lit ces
mots : « *Philipus jurium doctor consiliarius regis in Parle-
mento, canonicus divionensis, vicarius generalis, etc., moneo
per virtutem sanctæ crucis, armatus clypeo fidei, præcipio et
conjuro primo, secundo et tertio omnes muscas vulgari nomine*
écrivains, urebers *omnesque alios vermes fructibus vignarum
nocentes quantum a corrodatione, destructione et démolitione
se desistant et abstineant, in remotioraque cola sylvarum rece-
dant et fines hujus territorii exeant.* » Et finit par ceux-ci :
« *Auctoritate et virtute quibus supra ex parte Dei et Ecclesiæ
maledico, et in eis maledictionis sententiam fero.* » (Registre
du 5 juin 1554.)

(1) (Registre municipal du 4 mars 1615). En même temps
que le Parlement défendait lui-même aux voituriers et marchands de remonter en Bourgogne aucuns vins de Provence,
Languedoc, Dauphiné, Baujolais et Vivarais, sous peine égale de
confiscation de ces produits. (Arrêt du 18 novembre 1622. Registre de ce Corps.)

démarches et de persévérance à la place de l'abbaye
vacante de St.-Étienne, et avec les revenus de celle de
Bèze aussi vacante vers le commencement du xviii^e
siècle.

A côté de ces soins difficiles la ville entretenait la
jeunesse et nourrissait son intelligence. Dès le commencement du xvie siècle, on la voit, grâce aux secours d'une imprimerie nouvelle établie au Petit-Cî-
teaux en 1490 (1), s'occuper sérieusement des écoles
déjà fondées bien auparavant pour l'instruction du
peuple, et prescrire à son recteur en titre de lui former
de bons régents, avec défense toutefois d'user d'astrologie dans ses leçons (2); quand déjà elle avait députe
en Cour pour demander l'érection d'une université publique (3). Frappée de l'insuffisance des études domestiques, elle tente l'année après, sous le majorat de
Pierre Sayve, de leur imprimer une vie commune par
la fondation d'un collége, dans le but de *faire lire en
grammaire, arts et autres sciences,* et éprouve, chose
étrange, de la part de son recteur d'école, avec un refus positif, celui de se démettre de sa charge (4); résistance inouïe au temps dont nous parlons, mais dont
on sera moins surpris quand on verra, quelques années
après, un régent nommé Berthod oser publier contre la
ville un libelle pour lequel celle-ci sera obligée d'in-

Education publique.

---

(1) Par les soins de l'abbé Jean de Cirey, et dont le premier
imprimeur fut Pierre Metlinger.
(2) **12** juin 1528.
(3) **18** août 1516.
(4) Et il répondit même en latin : *Quidquid unusquisque bene
judicat hoc quoque videt.* (Registre du 10 novembre de la
même année.)

tenter un procès dont l'avocat Bossuet, la première fois
que ce grand nom surgit, se chargera (1). Ce qui prouve
d'autant plus que déjà, dans ces temps si éloignés de
nous, l'enseignement des études, aujourd'hui garanti
et rétribué par l'État, jouissait dans la province d'une
sorte d'indépendance.

Le collége Martin, dans la rue des *Belliots*, dont il
remplaça le nom par celui du *Vieux-Collége*, fut ici
la première institution sérieuse élevée en l'honneur
des lettres dans la cité, avec l'établissement d'un principal à vie et le droit conféré à celui-ci de changer les
régents et de veiller à la discipline (2). La Chambre de
ville en fit les frais comme elle en prit tous les soins (3),
d'accord avec les deux frères ses bienfaiteurs dont il
portait le nom. Ce collége était en exercice dès
1533, et l'enseignement aussi complet qu'on pouvait
l'attendre alors. Bégat, Tabourot et surtout Duchatel y
avaient fait leurs premières études, comme plus tard
aux Godran et dans une seule année Don Clément,
de Brosses et Buffon tous à la fois élèves du Père Oudin.
Vingt ans à peine s'étaient écoulés depuis son établissement qu'on y enseignait le grec et les belles-lettres,
et que le fameux Guillaume Postel y professait les ma-
thématiques, mais non pas celles infectées d'astrologie
que Pierre Turrel y avait enseignées lui-même avec
honneur, homme fort éloquent d'ailleurs et qui mit le
collége en grand renom, mais trop estimé, comme on

(1) Registre du 30 août 1552.
(2) Registre du 9 avril 1557.
(3) *Idem* du 16 juillet 1532.

le disait alors, des *devineurs* de son temps, ce qui faillit lui coûter la vie (1).

Du reste, la ville, que la fondation de ce premier collége avait grevée d'une dette énorme, ne permit point à des établissements rivaux de s'élever à ses côtés et d'anéantir pour elle un privilége acquis à prix d'argent. Les pédagogies furent interdites comme contraires, disent les délibérations, au bien public, et chaque chef de famille obligé d'envoyer ses enfants au rendez-vous des études communes, sans distinction de rang, ni de personnes ecclésiastiques contre lesquels cette mesure paraît particulièrement avoir été prise (2). Dans ces temps déjà loin de nous, où la manie des langues mortes semblait avoir détourné notre idiôme de ses voies naturelles, on voit de plus la même Chambre, supérieure à ces choses comme à la routine, prescrire dès 1579 au principal de laisser les écoliers parler plus familièrement en français qu'en latin, et nommer une commission pour s'en assurer (3). Les hommes qui honorèrent alors la ville par leurs travaux, et les inscriptions latines qu'on retrouve à chaque pas dans les monuments comme dans le récit des fêtes publiques, prouvent que les études étaient florissantes alors qu'elles n'avaient pas encore acquis en surface ce que depuis peut-être, par une dispersion sans limite, elles ont pu perdre en profondeur.

Depuis, et un demi-siècle venait de s'écouler encore,

---

(1) Défendu et sauvé en plein Parlement par l'éloquence de Duchatel son ancien élève ; ce qui valut à ce dernier des félicitations publiques de la part du premier président de cette Compagnie, et plus tard la grande aumônerie de France, l'évêché de Mâcon et l'amitié de François Ier.

(2) Registre des 10, 13 et 17 avril 1565, et 30 octobre 1578.

(3) 4 juillet 1578.

que la mort du président Godran, le plus grand bien-
faiteur de cette cité, arrivée à Dijon en 1583, vint donner
aux études une impulsion nouvelle par la création d'un
second collége dont il fut le fondateur, et qui, par un
pieux respect pour la mémoire de son père, portera le
titre commun de *collége de Messires Jacques et Odinet
Godran,* pour y enseigner publiquement les lettres françaises, italiennes et la philosophie morale d'Aristote,
avec un cours grec et de latin, des leçons d'arithmétique,
et de plus qu'aujourd'hui un exposé sur l'agriculture,
la plus utile des connaissances de l'homme. Par sa volonté dernière, cet établissement fut gratuit pour les
enfants de parents non taillables de cinquante sols en
subsides, et les jésuites en dirigèrent les études, tandis
que la ville en avait la surveillance et l'administration
suprêmes, et avec elle celle d'une école de filles fondée
dans un but aussi généreux.

La Chambre, en fécondant la pensée du donateur, n'a-
bandonna point toutefois le collége Martin qu'elle avait
créé, et appliqua sa sollicitude à tous deux. Des classes de
philosophie, de morale et d'arithmétique, comme plus
tard et bien après la langue allemande et les mathéma-
tiques approfondies, au lieu de la théologie dogmatique,
vinrent enrichir successivement le système des études
aux jésuites du nouveau collége, conformément aux clau-
ses de la fondation. Mais, chose étrange et qu'on pouvait déjà prévoir, malgré le soin qu'avait eu le fondateur
d'affecter à son entretien le revenu de trois terres à la
fois (1), et qui suffirent à peine à ces belles constructions que nous voyons encore; si les études étaient flo-

(1) Antilly, Lochères et Champaux, dont le maire, en qualité
d'héritier pour la commune, joignait le titre de baron à celui
qu'il portait déjà de vicomte mayeur.

rissantes alors, les professeurs ne tardèrent pas à manquer de tout, même de vêtements ; tellement que la ville, par une délibération prise d'abord (1), fut obligée de venir à leur secours, en allouant au provincial la somme de huit cents livres pour vivre du nécessaire, comme elle fera distribuer plus tard aux religieux eux-mêmes des habits pour se mettre à l'abri du froid. Pendant que, de leur côté, de généreux citoyens, comme Pierre Fevret qui donna ses livres (2) et ses instruments de mathématique, le premier président Berbisey qui fonda des prix nombreux, Odebert qui créa à ses frais de nouvelles chaires, et un autre Martin qui augmenta la bibliothèque d'ouvrages qui portent encore aujourd'hui ses armes, concoururent dans la suite des temps à assurer la puissance d'un établissement qui devint, grâce à ces dons répétés comme à la force des études, célèbre dans toute la province (3).

Enfin, la Chambre elle-même, par les soins qu'elle prit de l'éducation dans ces différents temps, ne jugea rien d'indifférent ou d'indigne de son attention particulière, au point qu'on la vit en 1595 (4) charger un des échevins de se tenir à la porte des classes pour y faire entrer les écoliers et les empêcher d'en sortir avant l'heure, de peur qu'ils *ne pipassent* ainsi leurs leçons ; ce qui est, porte le registre qui rappelle cette

---

(1) Registre, 2 octobre 1590.
(2) A la charge d'ouvrir cette bibliothèque au public deux par semaine. (Registre du 26 mai 1707.
(3) Au point qu'en 1614 on comptait jusqu'à deux cents élèves dans la seule classe de *cinquième*, ce qui força la ville d'en créer une nouvelle. (Registre de cette année.)
(4) *Idem*, 8 août de ladite année.

précaution minutieuse, un grand dommage pour la jeunesse, et prouve que dès ce temps déjà on comprenait en Bourgogne la sévérité des études publiques.

Ajoutons qu'à une époque moins ancienne la ville obtiendra plus tard, malgré des entraves de tout genre qu'il serait trop long de rappeler et auxquelles celle de Besançon ne sembla point étrangère, l'ouverture de cette école de droit qui est demeurée une de ses principales gloires et la seule institution peut-être qui n'ait jamais été affaiblie. C'était une grande affaire alors qu'un établissement de cette nature, où le droit canon se mêlait aux études du droit civil et celui-ci à celles du droit romain, ce qui faisait qu'indépendamment d'une querelle de ville que des intérêts contraires avaient excitée, il fallait pour le fonder enfin le concours du souverain Pontife lui-même, gardien de la foi catholique et des doctrines orthodoxes. Or, parmi ces difficultés inouïes, le maire Baudinot, qui gouvernait alors, n'oublia pas, pour diriger le nouvel œuvre, de faire valoir son titre de mayeur qui l'immisçait, disait-il, en toute chose (1), et obtint ainsi de la faveur du roi un droit que ses successeurs ont conservé longtemps (2). C'était l'époque où la cité, qui représentait principalement la famille, voulait avoir en tout, accès pour elle, et l'égaler en prévoyance jusqu'au sein des études suprêmes qui couronnaient l'éducation. On sait que l'histoire de cette institution locale se lie particulièrement à celle du Parlement lui-même dont nous parlerons dans une se-

(1) Registre de la ville du 7 août 1723.
(2) Réuni à la dignité de maire par arrêt du conseil du 30 septembre 1730, enregistré le 18 novembre au Parlement. (Registre de ce Corps.)

conde notice, et à l'ombre duquel elle grandit pour lui renvoyer à son tour l'éclat qu'elle en empruntait. Ici l'Université de Paris, moins puissante, n'eut point à se mêler de ces choses, où l'on vit par un honneur inaccoutumé ce même Parlement assister tout entier avec les Comptes, le bailliage et la Chambre de ville, à une installation d'autant plus attendue qu'elle avait été longtemps disputée par des rivalités de voisinage ; ce qui a fait depuis ce temps, grâce au patronage d'un grand Corps non moins qu'à des remontrances sévères dont plus d'une fois il se rendit l'organe (1), que l'école a vu presque sans désemparer maintenu et garanti pour elle le privilége de ces concours publics qui ont fondé depuis 1722, date de sa création jusqu'à nos jours, sa constitution dominante (2).

Telle fut, pendant plusieurs siècles, dans cette cité à travers des événements sans nombre, la période abrégée de l'histoire municipale. L'autorité du maire qui lui servit de base et de laquelle dérivaient tous les droits, prenait, comme je l'ai dit, sa source dans la liberté des habitants, et cette liberté appartenait à tous pourvu qu'ils fussent chefs de maison et censitaires d'une somme modique qui varia de trois à quatre livres, suivant les

Suite de la Commune ; vicissitude et décadence.

---

(1) Notamment lors de l'installation de Jean-François Bret premier agrégé de l'école dans la chaire laissée vacante par la mort de son père, et à laquelle il avait été nommé par ordre du roi. (Registre du Parlement.)

(2) Bret, Davot, Bannelier, Delusseux et Fromageot furent les premiers professeurs de cette école, tous institués en 1724, et après eux successivement Boisot, Bret fils, Durvisseau, Micaut, Arnoult, Nault, Grabu, Bernard, Guyton, Jacquinot, Voisin, Bretin et Saverot, non compris les agrégés jusqu'en 1788.

7

temps et la jurisprudence du Parlement. Les registres
de la ville font foi que rarement moins de quinze cents
personnes prirent part au scrutin de nomination (1). Mais
cette assiduité des électeurs surprendra moins quand
on saura qu'elle était sanctionnée par l'emprisonnement
et de fortes amendes, dont rien ne dispensait les absents;
comme défense était faite en même temps aux non cotisés
d'y paraître sous la peine ignoble du fouet (2). Deux
membres du Parlement délégués par lui, assistaient en
outre au scrutin sous prétexte d'en assurer l'ordre,
quand ils ne firent pas servir à autre chose leur présence
et leur autorité. Car à côté de ce danger sérieux, cette
institution, comme toutes celles de la démocratie, fut
minée par la brigue et les influences, quand elle ne fut
pas violentée par la force elle-même. Le prince imposait
ses volontés sous la forme d'une recommandation (3); le
Parlement les siennes à coups de réglements, et la liberté,
tiraillée de la sorte, avait peine à demeurer debout.

(1) Sauf sous Louis XIV, au temps du dépérissement des libertés municipales; c'est ainsi qu'en 1692 il n'y en eut plus que
562; en 1703, 608; en 1711, 311; en 1714, 349. La ville et
ses habitants offrant par ces négligences affectées le témoignage
de leur mécontentement ou de leur dégoût.

(2) Registre du 3 janvier 1603.

(3) On trouve sous les ducs au registre de 1402 et 1403 un
premier exemple de ces recommandations singulières : « Lambert de Saulx est présenté par la Cour pour être maire, s'il plaît,
dit-on, au peuple de la ville. Tous sont d'accord que pour
plaire au duc, à Madame et au comte de Nevers (devenu depuis
Jean-sans-Peur), on élise ledit maître Lambert de Saulx, licen-
cié ès lois et décrets, s'il plaît au commun, excepté toutefois
Jean Poissenot qui dit que cette manière est *nouvelle* et deux
autres qui se retirent sans vouloir donner leur avis. »

Ces dangers pour la commune tenaient au voisinage des grands Corps politiques. Trop près d'un Parlement jaloux qui la trompa sans cesse quand il ne l'accabla pas, l'élection ne fut souvent préservée que d'un côté, tandis qu'elle était menacée de toute part par la crainte des brigues et du monopole (1). On frappa les hommes faibles de l'appareil lugubre de deux potences plantées à la porte des élections, et qui ne servirent jamais à rien ; tandis que le pouvoir, maître de la place, faisait tourner au vent de la faveur le plus grand nombre qui avait crainte de déplaire. Hâtons-nous d'ajouter que, sauf quelques exemples du contraire, ces entremises dans les libertés de la commune ne se firent sentir que fort tard, et quand déjà elles étaient menacées d'ailleurs sous la monarchie de Louis XIV, vers le milieu du xvie siècle. Ainsi, dans ces alternatives de fortune, l'intérêt public, règle des choix de la cité, fut consulté plus souvent que la faveur, la liberté eut plus d'avantages

---

(1) La ville joignit en vain son autorité à celle du Parlement pour empêcher ces abus : les registres sont pleins des défenses qu'elle publia à différentes fois, sous les peines les plus sévères, de solliciter l'élection du mayeur par brigues, intrigues, distribution d'argent, banquets, assemblées, allèchement envers le peuple, ports de feuillettes de vin, menaces, intimidation et autres pratiques indues, ce qui est, dit-on, un scandale pour les gens de bien, outre que Dieu y est offensé d'ailleurs, *selon que l'on peut en juger à l'œil,* porte une délibération du 18 juin 1601 qu'on peut voir au registre avec les arrêts à la suite, par lesquels le Parlement ajouta à la peine de la hart (ou de mort) celle de l'excommunication et des censures ecclésiastiques, et chargea même les curés des paroisses de recevoir toutes révélations à ce sujet, avec remise de la peine pour ceux qui les feraient dans la huitaine.

que de pertes, et l'opinion triompha plus souvent qu'elle ne fut vaincue. C'est là tout ce qu'on pouvait espérer des hommes et d'une institution étonnante pour le temps où elle exista, et où on voulut bien la souffrir.

L'échevinage, composé de vingt personnes prises dans les paroisses, eut des règles d'élection à part, étant appelé à se renouveler lui-même (1), et subit le premier les atteintes du pouvoir quand il voulut ébranler le Majorat dans son principe. M. de Colbert réduisit à six le nombre de ces officiers et leur donna de beaux habits, tandis qu'il démolissait au profit de ses intendants tout ce qui restait à la ville de ses anciens priviléges. Mais il osa plus encore en parvenant à transformer en offices royaux les charges municipales, à commencer par celle du maire; offices qui furent rachetés plus tard, comme nous l'avons dit en commençant, au profit de la province qui les recueillit et en profita davantage. Tous ces essais étaient hardis, et, pour en assurer l'effet, il fallut bien désarmer un peuple mécontent, c'est-à-dire ces mêmes hommes du *Lanturelu* qui, dans la révolte fameuse de ce nom, avaient crié : *Vive l'empereur!* sur la frontière d'Espagne, s'assemblaient déjà de toute part et semblaient de nouveau menacer (2). C'est ce que fit le gouvernement par ses officiers en retirant à la ville ses canons, à commencer par ceux qui

---

(1) L'usage consacré pour la nomination de ces officiers était que sur le nombre de vingt dont il se formait, six des anciens seulement restaient en exercice, les autres demeurant choisis dans chacune des paroisses par le Corps entier réuni qui se trouvait appelé de la sorte à se recomposer lui-même.

Voir délibération du 24 juin 1651. Registre de la ville.

(2) Registres des 9 et 12 décembre 1668.

étaient devenus des trophées municipaux par l'usage qu'en avait fait Millotet sous la fronde, en tirant à pleine volée sur le château révolté. Pour une fois que la ville voulut en 1670 faire revivre ses droits de justice dans un procès d'Etat où quelques personnages se trouvaient compromis, elle dut s'apercevoir bien vite que le temps était passé pour elle de ses privilèges les moins contestables, obligée qu'elle fut de rendre aussitôt, avec les procédures commencées, la clef des cachots où elle avait fait enfermer l'un des coupables.

Ce temps des libertés mourantes était celui où la gloire des lettres et des monuments pouvait faire oublier autre chose, et le génie qui commandait alors n'en excepta point cette ville où, à côté des beaux esprits dont nous parlerons plus tard, on vit les mœurs se polir, la société se former, les embellissements se succéder à l'envi, comme le cours du Parc (1), le Palais des Etats (2), la place d'Armes, la statue équestre de Louis XIV (3), la rue Condé (4), la place St.-Vin-

(1) En septembre 1671 aux frais de la ville. Le Parc lui-même, de la contenance de plus de 33 hectares, commencé par le grand Condé en 1610, fut achevé par le duc d'Enghien son fils, et acheté par la ville le 25 ventôse an ix.

(2) En 1684, et terminé en 1690.

(3) Dont le cheval et la statue pesaient ensemble cinquante-deux milliers, non compris la base, et qui, par l'ignorance de la mécanique, resta 28 ans dans son chantier, près d'Auxerre, avant de pouvoir être transportée à Dijon, où elle fut inaugurée le 14 avril 1725 au bruit des décharges de la milice et du canon.

OEuvre de Le Hongre, sculpteur parisien, et amené par Pierre Morin, ingénieur de la Province.

(4) 1722. Aux mêmes frais de la ville, et moyennant le don

— 102 —

cent (1) qui démasquait une de nos plus belles églises, imprimant à la capitale de la province ce cachet de grandeur qui se communiquait alors partout, et dont les États comme la Chambre de ville elle-même s'inspirèrent à la fois par les travaux dont je parle, et qui furent leur œuvre commune.

Puis, par la seule impulsion donnée et en inclinant vers les derniers temps de la monarchie, on voit à côté de l'école des Beaux-Arts fondée en 1766 sous la direction de Devosge (2), du Musée créé lui-même en 1781 par les soins et la munificence des Élus, les grandes fortunes et les grands cœurs, comme il y en avait beaucoup à cette époque, doter la ville en dégrèvement de son épargne, de ces établissements utiles qui, comme l'Académie dont nous parlerons bientôt, et qui fut fondée par Poufilier, le Jardin botanique qui dut son existence à Legouz-Gerland, et pour d'autres plus importants, fondateur Berbisey, l'homme le meilleur et le plus généreux (3), ont survécu avec effort, sinon sans

---

de soixante mille francs fait par M. le premier président de Berbisey pour cet objet. (Registre du 14 août 1719.)

(1) 3 juillet 1680. A la place de l'église Saint-Médard et de son cimetière qui furent achetés et démolis par la même ville.

(2) Avec cette devise qui lui présagea sa gloire : *Oriendo jam nitescit,* et qui compta depuis parmi ses élèves Gagnerot, Prudhon, Ramey, Renaud, et de notre temps Rude et Jouffroy, nés à Dijon, deux des premiers statuaires de l'école française.

(3) Qui répandait à pleines mains sa grande fortune en aumônes, au point d'envoyer jusqu'à cent mille livres aux hospices à la fois, léguant de plus aux premiers présidents ses successeurs sa maison de ville et son château de Vantoux pour en jouir à perpétuité.

des blessures profondes, à des orages qui parmi nous ont emporté tant d'autres choses. De même qu'en face de ces établissements nombreux j'aurais pu dire, en remontant plus avant dans l'histoire, douze églises construites ou rebâties (1) presque aux seuls frais des aumônes publiques ; huit hôpitaux fondés de la même sorte (2), ainsi que des communautés religieuses utiles, où, comme chez les Bénédictins et à l'Oratoire, la science disputait son temps à la prière ; et dans les ordres de femmes, comme le Refuge, Sainte-Marthe et Saint-Vincent de Paul, la prière consistait surtout dans les œuvres et les œuvres dans le sacrifice de soi-même ou l'abnégation chrétienne. Puis après, ces écoles de frères aujourd'hui florissantes, dont Claude Rigoley eut en 1706 l'honneur de doter la ville ; et en regard des prédications furieuses de la ligue déjà rappelées, la parole de St. Vincent Ferrière retentissant ici au xve siècle parmi les flots d'une multitude avide (3); plus tard, celle

(1) Saint-Etienne, abbaye, refuge des premiers chrétiens, fondée en 343, et presque en même temps Saint-Vincent, chapelle, asile des reliquaires au temps des invasions ; Saint-Benigne, ancienne sépulture du martyr de ce nom, en 535 ; la Sainte-Chapelle, en 1072 ; la Chapelotte, collégiale, en 1482; Notre-Dame, en 1178, auparavant déjà chapelle et succursale ; Saint-Jean, au ve siècle ; Saint-Michel, au ixe ; Saint-Médard, au xe ; Saint-Pierre et Saint-Philibert, au xie ; Saint-Nicolas, au xiie; ces sept dernières faisant alors les sept paroisses de la ville.

(2) Saint-Fiacre, Saint-Esprit, Notre-Dame, Saint-Jacques, Saint-Benigne, la Chapelotte, la Madeleine et la Maladière réunis en un seul, celui du St.-Esprit par l'édit du Roi de 1662.

(3) Registre municipal du 2 juin 1447, où l'on voit que, vu l'affluence des étrangers, l'on fut obligé de tenir fermées les portes de la ville, et que les habitants restèrent armés.

de St. François de Sales dans la chaire de la Sainte-
Chapelle (1), comme depuis, et en se rapprochant davantage de notre âge, celle non moins éloquente du
père Cotton (2), tous appelés et sollicités par la Chambre
de ville elle-même qui ne craignit pas de mêler son
nom dans ces consolations suprêmes qui apprenaient au
peuple à supporter ses maux.

Car telle fut, il faut le dire, après bien des siècles
accomplis, à côté d'institutions locales éprouvées, dans
les exemples de ses magistrats plutôt que dans de stériles
maximes, la cause ou le secret d'une société vieillie
restée ferme sur elle-même, malgré les temps, les com-
plications, les misères, les abus du droit et un caractère national que les événements n'ont pas changé,
mais dont ils ont par la perte des croyances corrompu
ou dénaturé la base.

Dans ces temps éloignés de nous, où la distinction de
la société par castes formait le fondement de la constitution politique en France, ce fut chose digne de remarque de voir le peuple faire porter le choix des
mayeurs tantôt sur un avocat connu, tantôt sur un procureur habile, voire même sur de simples marchands,
n'excluant du Majorat et de l'élection ni les plus grands
seigneurs de la ville, ni les membres du Parlement
lui-même quand il croyait pouvoir compter sur leur af-
fection. Sur les deux cent cinquante maires environ
dont les archives municipales nous ont conservé les
noms (3), on cite avec autant d'orgueil que de respect

(1) Année 1605, où il prêcha tout le carême (Registre municipal), et logea rue Vannerie, chez l'avocat de Villars. (*Ibid.*)
(2) Registre de 1649.
(3) Mentionnés dans l'ouvrage de Robert, intitulé : *Gallia*

Hugues Aubriot devenu prévôt de Paris sous Charles V,
Pierre Berbis qui parut au traité d'Arras (1), Etienne
de Cirey, nouveau Codrus, qui se dévoua comme ôtage
de la ville à la retraite des Suisses après le siége mémorable dont j'ai parlé, Fleutelot qui prépara la récon-
ciliation des partis lors de l'entrée de Henri IV à Dijon;
depuis, ce courageux Fremyot de *l'écritoire duquel il
sortit des boulets* (2), comme auparavant Etienne Bernard qui représenta si dignement cette ville aux Etats
de Blois (3), et après lui, Frazan qui, nommé sept fois,
avait pris pour devise : *In septimo non licuit requies-
cere,* ou bien encore ce fameux Millotet qui seul combattit la fronde et fit demeurer la même dans sa fidélité
constante à travers tous les obstacles et tous les dangers. Et à côté de ces divers portraits, des bienfaiteurs
des pauvres, comme Joly et Lamothe-Jacqueron ; de la
ville, comme Godran ; des hôpitaux, comme Odebert

Christiana, et depuis dans la dernière édition de Courtépée,
tom. 2, pag. 28. Le dernier de ces maires fut Moussier qui
administra la ville avec honneur de 1785 à 1789, époque à laquelle finit par sa démission la vicomté mairie.

(1) Signé le 21 septembre 1435, et fut anobli par Philippe-
le-Bon, lui et sa postérité le 7 octobre suivant.

(2) Paroles du président Jehannin à M. de Mayenne. — Fremyot présida la fraction du Parlement retiré à Flavigny pendant la ligue ; il fut père de Mme de Chantal, et aïeul de
Mme de Sévigney.

(3) Puis après à ceux de Rheims pour lesquels il partit aux
acclamations publiques (Registre du 18 janvier 1593). Avocat
parfait, politique adroit, orateur hardi, et sur la tombe duquel
on a pu lire : *Multa consecutus, plura meritus, eloquentiâ
primus.*

et Legouz (1); des dévouements, comme Humbert de
Villeneuve; du courage civil, comme Févret; de la
charité, comme l'abbé Guillaume; des vertus, comme
Chantal, et de la fermeté d'ame comme Nicolas Bru-
lard, la plus grande figure parlementaire du xvi⁰ siècle,
dont nous parlerons dans une seconde partie.

Ainsi fleurirent, à l'ombre de nos lois municipales,
le mérite et les grandes actions dans une ville qui fut,
durant des siècles, la capitale de cette province, et
qui compta, avec une milice qui s'éleva jusqu'à sept
mille hommes (2), un Parlement célèbre, une Chambre
des comptes, une intendance, une Cour des aides, un
bureau de finances, une Chambre du domaine, une
Cour des monnaies, un présidial, un bailliage, une
prévôté, des Etats généraux, une Ste.-Chapelle, deux
abbayes royales, un évêché, deux collégiales, devint
pendant près de cinq cents ans la résidence de ses souverains, et fut depuis gouvernée par six Condé, deux
Bourbon et trois princes de la maison de Lorraine (3).

Aujourd'hui que sont devenus ces souvenirs de notre
histoire locale? Au milieu des débris de nos annales, et
à défaut d'une chronique locale qui les garde parmi

(1) Legouz-de-Saint-Seine qui construisit presque à ses frais
toute l'aile droite de Sainte-Anne, et dont la famille dota les
hôpitaux de fondations nombreuses; non compris celles faites
à la ville par Legouz-Gerland l'un de ses membres.

(2) A la revue du 7 mai 1656 passée par le duc d'Epernon,
gouverneur, après la reddition de Seurre sur la fin des troubles
de la fronde. (Registre dudit jour.)

(3) Non compris trois Latrémoille, deux d'Amboise, un
Chabot (l'amiral), ainsi que les ducs de Biron, de Bellegarde
et d'Epernon. Ajoutez six Tavannes, deux de Vienne et un
autre Chabot déjà cité, commandants comme lieutenants-géné-
raux la ville, sous les ordres des gouverneurs.

nous, les monuments manqueront aussi bien que les écrits pour en rendre témoignage. La révolution avait mutilé nos temples, dégradé les monuments et brisé les tombeaux de nos derniers ducs. Qu'avons-nous fait dans des jours meilleurs et plus calmes? Le nom de Condé a été gratté de ces murailles en même temps que celui plus modeste et déjà cité de cet abbé Guillaume qui rebâtit St.-Benigne au XIe siècle, et nourrissait en se dépouillant lui-même tout le peuple de cette ville pendant l'horrible famine qui la désola ; St.-Bernard que le monde admire a disparu de nos places publiques; St.-Jean, sépulture des premiers évêques et où fut baptisé Bossuet, n'est plus qu'un marché; la tour elle-même où vécut un roi captif vaincu par la vaillance bourguignonne (1), une école de chant; St.-Etienne enfin qui battait monnaie et traitait les rois au moyen âge (2), une commune halle, et la Sainte-Chapelle, gracieux édifice des temps gothiques, devenu le berceau d'un ordre fameux (3), et aux voûtes

---

(1) Le 2 juillet 1431 à la bataille de Buligneville, où six mille de nos compatriotes acceptèrent le combat qui leur était offert par vingt mille hommes de troupes aguerries, et les mirent en moins d'une heure dans une déroute complète. Le duc de Bar, Réné, devenu depuis roi de Sicile, y fut blessé au visage et emmené prisonnier à Dijon où il demeura dans la tour qui porte encore aujourd'hui son nom, et dans laquelle il peignait sur verre pour se consoler de sa captivité qui se prolongea cinq ans. (Voir le Registre du 6 juillet.)

(2) Dans un tournoi magnifique offert à Charles VI, qui dura quinze jours, et fut célébré dans les cours et le jardin de l'abbaye.

(3) Dit de la *Toison d'Or*, institué par le duc à l'occasion de son mariage avec Isabelle de Portugal, célébré à Bruges en 1430.

duquel furent appendus pendant plusieurs siècles les
trophées de Rocroy (1), condamnée et détruite à son
tour, une place occupée par des bateleurs!

De nos jours, qui pense à ces choses! Quelques vieillards chagrins et qu'on n'écoute pas, des amis comme
moi des vieilles légendes et qu'on ne lira guère, des
esprits dédaigneux et qui ne voient dans le passé que le
champ d'une critique aveugle pour des institutions mé-
connues en face et sous le coup de cette centralisation
jalouse qui nous absorbe et nous tyrannise à son gré
loin de nous-mêmes et de nos légitimes expansions. De
là, il faut le dire, l'égoïsme croissant, les caractères
affaiblis, le génie lui-même ignoré dans ces lieux où,
pour se produire, il ne lui manqua que l'occasion. La
commune, au contraire, comme nous l'avons prouvé,
en initiant les hommes aux affaires, alluma l'émulation, suscita le courage civil et donna l'essor à la liberté par laquelle, au milieu de maux sans nombre
et d'événements prodigieux, elle trouva, suivant les

Plusieurs Chapitres de cet Ordre, qui ne compta d'abord que 31
membres, furent tenus à la Sainte-Chapelle de Dijon, où les
armes des chevaliers figurèrent dans les stalles avec celles du
duc jusqu'à la destruction de cet édifice, accomplie avec celle
de la rotonde de Saint-Benigne en 1804, en pleine civilisation.

(1) Envoyés par le grand Condé à la ville au nombre de quinze
drapeaux escortés par la milice bourgeoise depuis le château,
et déposés le 25 juin 1643 en présence du Parlement, de la
Chambre des comptes, du clergé et de la Chambre de ville au
bruit du canon des remparts et d'une musique guerrière. (Registre municipal dudit jour.)

Dans cette chapelle était exposée la Ste.-Hostie donnée en 1434
par le pape Eugène IV à l'un de nos ducs, et qui fut depuis
brûlée pour éviter sa profanation, le 10 février 1794.

temps, des dévouements pour la servir, des caractères pour honorer ses annales et une gloire impérissable pour ceux qui lui consacrèrent leurs services.

Mais déjà hâtons-nous de conclure en terminant par quelques aperçus généraux qui formeront l'ensemble et le caractère de ces Esquisses. Dans cette longue période de temps que nous avons parcourue, et qui comprend de 1383 à 1789 l'intervalle de près de quatre siècles et demi, la ville qui avait été sous les ducs de la première race la capitale de la Bourgogne continua à l'être encore sous ceux de la maison de Valois, avec des agrandissements de territoire qui firent de cet état un puissant empire (1), ainsi que depuis elle le fut encore, quoique singulièrement réduite (2), sous les rois de France après la réunion de cette province à la couronne, lors de laquelle elle conserva son titre de premier duché-pairie qu'elle tenait de ses institutions primitives. Le roi Robert de France, en investissant son fils, premier duc de la race Capétienne, avait voulu qu'il en fût ainsi, et les ducs ses héritiers confirmèrent un

Résumé historique et conclusion.

—

(1) Et qui comprenait alors, outre les deux Bourgognes, les comtés de Flandre, d'Artois, de Réthel et de Nevers, le Hainaut, la Hollande et la Zélande, c'est-à-dire une portion considérable de l'Europe occidentale; au lieu que sous les ducs de la première race, éteinte par la mort de Philippe de Rouvres, il s'étendait seulement sur les deux Bourgognes, l'Artois et deux autres provinces moindres, à quoi il faut ajouter peut-être le gouvernement de Morée et de Thessalonique dont l'un de ces ducs avait obtenu le sceptre à la suite d'une des grandes expéditions d'Orient, et qui leur échappa bientôt.

(2) Par les possessions propres qu'emporta Marie de Bourgogne à la maison d'Autriche par son mariage avec l'archiduc Maximilien.

choix si propice, n'étant, dit un de nos plus anciens
auteurs, en tout le pays de Bourgogne *ni ville de plus
riche assiette, ni air plus serein et délectable, ni peuple
plus gracieux, plus humain et plus accessible, ce qui
fit,* ajoute-t-il, *que ces ducs l'ont grandement aimée,
et que les grands seigneurs de la province si accommo-
dèrent de logis* (1).

La perte de nos plus anciens registres dont nous
avons parlé au commencement laissera sur l'histoire de
cette cité avant l'époque par nous décrite une obscurité
regrettable, et cette cause est celle pour laquelle nous
nous sommes arrêté devant l'impuissance des témoi-
gnages authentiques qui, à défaut d'autre mérite,
formeront le caractère particulier de ce travail pour
tout ce que nous avons pu dire d'une époque qui,
prise au moyen âge jusqu'à nos jours, constitue à vrai
dire la partie la plus intéressante de notre histoire municipale. Auparavant le règne presque ignoré des onze
ducs qui, dans l'intervalle de trois siècles (2) avaient
gouverné souverainement la province, fut le temps de
la chevalerie, des tournois, des légendes, des pèleri-
nages et des expéditions lointaines, comme les croisades
auxquelles ceux-ci prirent à la tête de leur intrépide
noblesse une part dont le sceptre conquis de Thessalonique (3) ne put faire oublier les maux qui en furent,
pour cette cité, l'inévitable suite. Mais nous ne devons
pas non plus, sans être ingrat, méconnaître qu'au mi-

(1) Guillaume Paradin.
(2) 1032 à 1361. Première race de la Maison royale dite des
Capets.
(3) L'un d'eux, Hugues IV, qui avait suivi St. Louis en
Orient, acquit en 1321 de l'empereur Baudoin le royaume de
Thessalonique. (*Vide suprà.*)

lieu des ténèbres de cette époque la commune de Dijon
s'anima d'une vie nouvelle à la voix d'un prince équitable qui, soit politique ou faveur, lui accorda ces priviléges que nous avons cités, et qui la maintinrent
pendant sept cents ans, parmi des fortunes contraires,
égale à elle-même par son courage, constante dans ses
institutions et fière avant toute chose de cette primauté
politique qu'elle n'abandonna que de force au temps de
la suppression de tous les priviléges, qui fut aussi pour
elle celle de sa propre grandeur et d'une liberté sérieuse
qu'on ne lui rendra pas de nos jours.

Un fait connu des archéologues, mais qui mérite
d'être ici rappelé, c'est que le même duc qui avait fondé
la commune fonda également la Sainte-Chapelle pour
accomplir un vœu paternel adressé à la Vierge par le
duc son père, dans une de ces grandes expéditions
d'Orient qui forment la principale épopée de ces temps
chevaleresques (1). Le même prince fonda aussi le
grand hôpital, mourut à Tyr, et laissa la Bourgogne
florissante sous Eudes III son fils croisé comme lui, et
après ce dernier sous la tutelle d'Alix de Vergy sa
veuve, l'héroïne de son temps et dont cette province
a gardé le touchant souvenir (2). Ce temps fut aussi
celui de St. Bernard, la plus grande gloire de la
chrétienté au moyen âge, dont la parole ébranla le
monde, et qui par une inépuisable fortune ne trouvera
d'émule que cinq siècles plus tard dans cette même cité
qui l'avait vu naître à ses portes.

(1) Voir au recueil de Pérard le titre de cette fondation, page
272.

(2) Retirée après sa régence à Prenois, où elle honora l'a-
griculture en faisant valoir elle-même ses terres.

Depuis lors, les ducs de la seconde race en étendant
leur empire en France par des alliances considérables,
comme par la part qu'ils prirent au gouvernement des
affaires, jetèrent sur leur ville capitale un éclat nouveau par le séjour accoutumé qu'ils y firent toutes les
fois que les troubles de la Flandre ne les contraignirent
pas à s'en éloigner. Dijon fut en tout temps le lieu vers
lequel la pensée les ramenait avec amour quand l'esprit turbulent des Gantois leur permit de respirer, ou
que des querelles avec leurs voisins ne les forcèrent pas
à vaincre ou à négocier avec eux. C'était en cette ville
qu'ils laissaient leur famille, leur épargne, la duchesse
et ses enfants sous la garde d'une ville libre et fidèle.
Philippe-le-Bon y reçut le jour comme l'avait reçu Jean-
sans-Peur son aïeul, et plus tard y naquit à son tour
Charles-le-Téméraire, son dernier héritier. Déjà le
premier d'entre eux, Philippe-le-Hardi, avait par un
honneur insigne donné à la commune, avec sa devise
de combat (1), un chef de ses propres armes en témoignage de la bravoure de ses habitants qui l'avaient
suivi à Rosbèque et sur tous les champs de bataille.
L'entrée de ces princes dans leur capitale pour prendre
possession du duché, le serment qu'ils prêtèrent à St.-
Bénigne de garder nos anciens priviléges (2), la pompe
de leur cortège et jusqu'à celle de leurs tombeaux, le
nombre de leurs officiers, les tournois que signalaient

----

(1) *Moulle me tarde.*

(2) A la réquisition du maire, lequel prêtait ensuite serment
entre ses mains au nom des habitants. Tous les ducs, et après
eux les rois jusqu'à Henri III qui vinrent à Dijon, se soumirent
à cet usage que le duc Eudes, de la première race, avait solennellement fondé en 1334. (Voir le recueil de Pérard, p. 352).

leur approche, surpassèrent en magnificence tout ce que, dans ces temps de luxe et de prodigalité, l'Europe présentait de plus somptueux parmi les souverains, et il eût fait la joie de cette cité en même temps qu'il en faisait l'honneur, si le malheur des temps, les pestes, le brigandage des seigneurs et des impôts excessifs n'eussent appris au peuple malheureux qu'il n'avait guère à voir dans ces choses que l'arrivée d'un nouveau maître qu'il fallait en tout satisfaire.

Toutefois le génie militaire des Valois et les actions mémorables de chacun d'eux, comme de Philippe à Rosebeck (1), de Jean-sans-Peur à Nicopolis et de Charles-le-Terrible à Montléry et jusque dans les défaites qui amenèrent la ruine de sa maison, attachèrent la Bourgogne à ces princes qui durent à leur humeur belliqueuse non moins qu'à toute autre cause cet amour dont ils avaient au même titre hérité des premiers ducs, et qui n'était pas encore éteint à Dijon, comme l'attestent les chroniques vers le milieu du xviie siècle, chez un peuple guerrier plus amant de la gloire que de sa liberté. Le soin de les faire oublier qu'avait, dès la réunion, conçu Louis XI, tout le premier, en faisant, comme il en fut soupçonné, incendier leur palais gothique après

---

(1) D'où nous est venue l'horloge de Jacquemard, trophée de guerre apporté par le duc Philippe-le-Hardi à Dijon, en 1382, après l'avoir sauvé de l'incendie de Courtray lors de la bataille de Rosebeck à laquelle un corps Dijonnais avait assisté, ce qui valut à la ville plusieurs priviléges. Ce nom de Jacquemard, qui avait été donné dans l'origine à la figure en bois qui surmonte encore aujourd'hui l'horloge, fut par imitation celui de Jacquemard Artevelde, brasseur, qu'une révolte populaire avait, en 1337, placé à la tête du gouvernement des Gantois.

8

qu'il en fut devenu possesseur, devait appartenir un jour à cette race des Condé qui, pendant les deux derniers siècles de nos annales, lui rendirent en bienfaits et parfois en courage des services héréditaires qu'à défaut d'autre monument l'histoire ne doit pas effacer (1).

Depuis ces temps lointains et à partir de la réunion du duché à la couronne, les rois eux-mêmes visitèrent cette capitale d'une province qui était devenue leur apanage. Louis XI, en 1479; Charles VIII, en 1494; Louis XII, en 1501 et 1510; François Ier, en 1521, 1522 et 1530; Henri II, en 1548, Charles IX, en 1564, avec Catherine de Médicis sa mère; Henri III, en 1575, en revenant de Pologne; Henri IV, en 1595, lors de la défaite de la ligue; Louis XIII, jusqu'à quatre fois, avant et après les révoltes de Gaston, et peu après la sédition dont cette ville fut le théâtre en l'année 1630; et Louis XIV, enfin, lui-même, pendant sa minorité, avec Anne d'Autriche, sa mère (2), puis lors des deux invasions de la Franche-Comté (3), invasions

---

(1) Parmi lesquels je rappellerai pour mémoire l'édit sur les boissons révoqué par leurs soins, le rachat des privilèges municipaux confisqués par Colbert, et par-dessus toute chose, la défense de la ville au temps de l'invasion de Gallas, dont nous avons parlé plus haut.

(2) En 1650, accompagné de la reine-mère et de Bossuet, où il visita Notre-Dame-d'Etang, célébra la cène à douze pauvres à la grande salle du Logis-du-Roi, présenta le pain bénit et fit ses Pâques à la Sainte-Chapelle.

(3) La première fois, le 8 février 1668, où, sans être attendu, il fit son entrée à cheval par la porte Saint-Nicolas à la tête de ses mousquetaires; et la seconde fois, en juin 1683, après la seconde conquête, pendant laquelle la reine et le dauphin assisté de Bossuet son gouverneur, les princes du sang et toute la cour étaient restés à Dijon où ils séjournèrent longtemps.

préparées dans ces murs où Condé, par ses ordres, avait organisé ses moyens d'attaque, et d'où fut lancée la foudre qui fit tomber en ses mains une province voisine que sa politique avait convoitée.

Ces entrées des souverains, jointes à celles des gouverneurs eux-mêmes, tiennent dans ces annales une place éminente par la part que les habitants furent obligés de prendre ou qu'ils y prirent spontanément suivant la distance des temps et la différence des mœurs, des coutumes et de la civilisation (1).

---

(1) On voit par les registres de la ville, des détails curieux sur ces arrivées des ducs comme sur celles des premiers rois qui suivirent l'époque de la réunion, où l'on faisait célébrer des mystères sur échafauds dressés au coin des rues, après que les habitants avaient été contraints d'aller à la rencontre du prince dans un costume égal, comme en manteaux de drap rouge, ainsi qu'on l'ordonna pour l'entrée de Louis XII, le 23 avril 1501, et plus tard en velours de même couleur qu'on distribua *gratis* pour celle de François I*; quatre d'entre les plus considérables, tenant le poële sur la tête du souverain pendant qu'il entrait en ville, après avoir reçu les hommages du maire qui le haranguait à genoux, pour défiler ensuite devant lui comme chef d'armes à la tête des bataillons des paroisses, au bruit du canon des remparts. Tous ceux des habitants qui avaient des chevaux étaient tenus plus loin d'aller à cette rencontre, la Chambre de ville en tête et jusqu'au Parlement lui-même monté sur des mules, tantôt jusqu'à Hauteville, tantôt jusqu'au Chêne-d'Hauteserve, parfois jusqu'à Velars, suivant le lieu de la venue. On conduisait ainsi le prince à son logis où il trouvait des présents magnifiques, après qu'il était descendu d'abord aux Chartreux. Pendant ce temps et ces cérémonies qui se renouvelaient même pour le passage des princes étrangers, les magasins étaient fermés, le commerce interrompu, et il en était ainsi pour toutes les

Puis à travers ces différentes phases, on rencontre, comme à chaque pas, des noms fameux comme saint Bernard et Bossuet, des guerriers comme Tavannes et Vauban, des jurisconsultes comme Bouhier, des magistrats comme Brulart, des tragiques comme Longepierre et Crébillon, de la verve comme Piron et La Monnoie, de l'esprit comme de Brosses, de la grâce comme Sévigné, du trait comme Rabutin, du génie comme Buffon, des philosophes comme le docte Saumaise; des orateurs et diplomates comme Jehannin, des critiques comme Fêvret, des érudits comme dom Clément, des rhéteurs comme le père Oudin, des polygraphes comme l'abbé Nicaise, des chroniqueurs comme Delamarre, des savants comme Guyton de Morveau, des artistes comme Rameau, Sambin, Dubois, Quantin et tant d'autres que je pourrais nommer (1), presque tous nés dans ces murs ou

cérémonies religieuses qui se renouvelèrent si fréquemment à ces époques. Nos registres municipaux sont remplis des détails de toutes ces pompes qui ont, comme on sait, trouvé des panégyristes et des chroniqueurs.

(1) Parmi lesquels les annotateurs les plus célèbres de notre droit municipal tels que Davot, Chasseneux, Taisand, Bégat, Bannelier, Menelet; ou dans d'autres écoles, les trois Languet, Lantin, Tabourot, les Dumay, Lenet, Fremyot, Morisot, Cazotte, Larcher, Cocquard avocat bel esprit du xviiie siècle, Etienne Bernard orateur célèbre envoyé deux fois par la ville aux Etats généraux; François Jehannin, non moins renommé lui-même et que La Monnoie appela le Papinien de la province. Et parmi les savants, Pérard, Paillot, l'abbé Fyot, Papillon, dom Martenne, dom Clémencet, Daubenton, Montbéliard, ces deux derniers élèves et continuateurs de Buffon; et dans les armes enfin, avec presque tous nos anciens ducs, Philippe Pot, le plus brave chevalier du xve siècle qui étonna le sultan Mahomet par son courage et en obtint de grands honneurs.

qui y vinrent de tous les points de la province pour
animer leur génie au contact de la gloire et des ému-
lations du jour.

L'Europe elle-même retentit du renom de cette
cité (1) qui, par une succession sans exemple, avait
ainsi donné, à deux siècles de notre histoire, ses plus
sublimes orateurs, et confondu comme à plaisir dans une
école à part la religion, les lettres et la dialectique,
mêlé la puissance à la grâce et la liberté de la pensée
aux sévérités de la critique, où le goût fut celui d'un
atticisme exquis, les productions, celles de la grandeur
et la repartie proverbiale comme cette humeur maligne
dont elle l'assaisonnait le plus souvent, et qui est restée
notre héritage.

Ainsi vit-on depuis lors de l'ouverture de l'Académie, faite en 1740 par les soins de Pouffier son fondateur (2), à quelle hauteur était parvenue cette renommée, par l'affiliation immédiate de tous les savants qui
honoraient alors en Europe les sciences, les lettres et les
arts, et qui y accoururent de toute part, pour témoigner
par un public hommage de leur estime pour une Compagnie qui, parmi les débris de tant de gloires, aurait
dû se former trois siècles plus tôt, mais qui s'éleva du
premier bond au-dessus de toutes celles que la province.

(1) Voir le jugement qu'en ont ainsi porté Ménage, Santeuil,
Richelet, Voltaire, etc., dont le dernier a dit : Après Paris il
n'y a pas de ville qui ait fourni tant de sujets à la république
des lettres.

(2) Suivant ses dispositions olographes des 1er octobre 1725,
20 juin 1726 et 10 mars 1732, par lesquelles il légua de plus son
hôtel de la rue Verbois (aujourd'hui rue d'Assas) au doyen du
Parlement, avec ses domaines de Sennecey et de Magny-sur-
Tille, à perpétuité.

comptait de plus fameuses au temps dont nous parlons.
Rousseau y obtint sa première couronne littéraire, Crébillon y récita ses vers et Buffon y lisait ses immortelles
pages ; et à côté de ces noms célèbres, Piron, Voltaire,
Bouhier, de Brosses, d'Argenson, Lalande, Vergennes,
Larcher, Boufflers, Bertholon, Gaillard, Chaptal, Vicq-
d'Azir, Lacépède, Greuze, Bomare, Rozier, et en dernier lieu Monge (1) à son tour, dans la mesure de leurs
forces ou de leurs génies, pendant que Santeuil célé-
brait dans ses dithyrambes son admiration pour la muse
Dijonnaise, et que bien auparavant (2), Christine de
Suède demandait, pour toute faveur, à son entrée dans
ces murs, celle de converser avec les hommes les plus
savants de la cité (3), comme pour rappeler à celle-ci,
au milieu de toutes ses pompes, de quel côté lui ve-
naient la puissance et la véritable gloire. Mais déjà Dijon
avait trouvé dans des gouverneurs amis ce patronage
des grandes œuvres qui marquent ou caractérisent une
époque ; nouveaux Mécène, les princes de la maison de
Condé avaient, pendant un siècle et demi, protégé les
arts, honoré nos savants, excité l'émulation des poètes,
tiré de l'obscurité des génies qui fussent demeurés, sans
eux, perdus et reporté dans une cour brillante et let-
trée ces nouveaux noms de la province qui lui pré-

----

(1) Comme depuis Carnot, Maret, Denon, Daru, l'ingénieur
Gauthey, le jurisconsulte Proudhon, et de nos jours Lamar-
tine, Nisard et Briffaut qu'il suffit de nommer.

(2) Registre, 24 août 1656.

(3) Qui furent Lantin, Févret et Morisot (22 août 1656).
Déjà antérieurement elle avait mandé de Dijon à Stockolm
Claude Saumaise, que l'Europe comptait alors parmi ses plus
grandes renommées scientifiques.

tèrent leur éclat et auxquels ils rapportèrent en retour les honneurs et la fortune (1).

Le Parlement lui-même, malgré les reproches que la ville a pu lui faire, et que la vérité historique nous a forcé de dire, ne fut pas étranger à ce mouvement de la littérature et des sciences; beaucoup des noms que nous avons cités lui appartenaient par les fonctions quand il ne les excita pas par ses largesses et sa propre puissance, et l'on peut affirmer ici que son autorité n'eut rien à perdre dans un mélange où l'initiative de ces encouragements venait en aide à ses influences acquises. D'où nous pouvons dès à présent conclure, comme vérité constante en critique, qu'au milieu du déclin dans les hommes et toutefois l'unité politique exceptée, la liberté dont on est aujourd'hui si jaloux, n'était pas chose trop nouvelle dans une province où, avec des Etats qui réglaient les recettes et les dépenses publiques, il y avait un grand Corps qui faisait des remontrances, des communes qui s'imposaient elles-mêmes, un peuple qui délibérait parfois, et à côté de priviléges injustes, une démocratie ombrageuse déjà prête à tout immoler.

(1) *Munera quæ multa dantes cum laude tulerunt.* (HORACE).

FIN DE LA PREMIÈRE PARTIE.

TABLE DES MATIÈRES.

FIN DE LA TABLE.

www.ingramcontent.com/pod-product-compliance
Lightning Source LLC
Chambersburg PA
CBHW071822090426
42737CB00012B/2160